Konrad Hilpert

Ehe, Partnerschaft, Sexualität

W0057687

Konrad Hilpert

EHE
PARTNER
SCHAFT
SEXUALITÄT

Von der Sexualmoral
zur Beziehungsethik

WBG
Wissen *verbindet*

Die Deutsche Nationalbibliothek verzeichnet diese Publikation
in der Deutschen Nationalbibliografie; detaillierte bibliografische Daten
sind im Internet über http://dnb.d-nb.de abrufbar.

© 2015 by WBG (Wissenschaftliche Buchgesellschaft), Darmstadt
Die Herausgabe des Werkes wurde durch die Vereinsmitglieder
der WBG ermöglicht.
Satz: Vollnhals Fotosatz, Neustadt a. d. Donau
Einbandgestaltung: Peter Lohse, Heppenheim
Gedruckt auf säurefreiem und alterungsbeständigem Papier
Printed in Germany

Besuchen Sie uns im Internet: www.wbg-wissenverbindet.de
ISBN 978-3-534-74012-3

Elektronisch sind folgende Ausgaben erhältlich:
eBook (PDF): 978-3-534-74072-7
eBook (epub): 978-3-534-74073-4

Inhalt

Einleitung

Innerhalb der katholischen Kirche gibt es seit geraumer Zeit eine intensive Debatte über die Sexualmoral. In Gang gekommen ist sie seit dem Jahr 2010 durch das öffentliche Bekanntwerden der Fälle von sexuellem Missbrauch von Anvertrauten durch Priester und Ordensleute.

Sexueller Missbrauch blieb aber nicht ihr einziges Thema. Vielmehr wurden von der Heftigkeit der Debatte sehr rasch auch andere Themen der Sexualmoral erfasst. Darunter sind einige, die schon seit Jahrzehnten als Problempunkte empfunden werden. Manche davon wie die Frage der sogenannten künstlichen Empfängnisverhütung (journalistisch verkürzt als „Pillen-" bzw. „Kondom-Problem") konnten angesichts der ständigen Wiederholungen und Einschärfungen durch das kirchliche Amt einerseits und infolge von Missbilligungen und Maßregelungen von Moraltheologen andererseits seit Jahrzehnten kaum offen diskutiert werden. Andere wie etwa die Frage des angemessenen Umgangs mit den wiederverheiratet Geschiedenen wurden zwar anhaltend diskutiert. Aber trotz weitgehender Einigkeit in den theologischen Reflexionen ist man in der offiziellen Handhabung nicht wirklich weitergekommen.

In der laufenden Debatte ist das alles gleichzeitig auf die Agenda geraten. Weitere Themen gruppieren sich darum herum, die ebenfalls immer wieder heftig diskutiert wurden, deren Diskussion sich aber regelmäßig nach einiger Zeit wieder beruhigt hat. Homosexualität und die Verpflichtung der Priester zum Zölibat sind solche Themen.

Doch in der gegenwärtigen Debatte geht es nicht mehr nur um Einzelthemen. Gefragt wird darin längst auch nach einer neuen bzw. erneuerten Moral von Sexualität und Partnerschaft.

Papst Franziskus hat seit Beginn seines Pontifikats im Jahr 2013 die Kirche programmatisch dazu aufgerufen, neue Antworten zu suchen und neue Wege zu beschreiten im Umgang mit den alten Problemen.[1] Nicht um des Anscheins der Modernität der Kirche willen, sondern der Menschen wegen. Das war ganz umfassend gemeint, aber er hat es ausdrücklich auch auf das „normale" Zusammenleben in der persönlichen Lebensumwelt bezogen. Das scheint ihm aus zwei Gründen besonders wichtig zu sein[2]: Zum einen geht es beim Zusammenleben und bei der Sexualität um ein zentrales Feld des täglichen Erlebens und Gestaltens der Menschen, ein Feld, auf dem sie ihr Glück suchen, häufig aber auch Enttäuschungen erfahren. Zum anderen steht hier die Glaubwürdigkeit der Kirche selbst zur Disposition, insofern als gerade beim Sprechen über Liebe, Sexualität, Ehe und Familie die Transparenz für die Frohe Botschaft unmittelbar betroffen ist.

Die beiden Bischofssynoden, die Papst Franziskus für 2014 und 2015 einberufen hat und zwischen denen sich die katholische Kirche zum gegenwärtigen Zeitpunkt befindet, sollen dazu dienen, diese Transparenz zwischen dem kirchlichen Sprechen und der Frohbotschaft wieder stärker herzustellen.

Das vorliegende Buch setzt sich zum Ziel, die Suchbewegungen und die Diskurse, die sich darüber in der kirchlichen Öffentlichkeit und im Feld der Theologie, insbesondere der Moraltheologie, entwickelt haben, nachzuzeichnen und Erklärungen zu geben, was hinter den Debatten steckt und warum sie gerade so verlaufen, wie sie es tun. Darüber hinaus versucht der Autor, der jahrzehntelang in der Ausbildung von Studierenden und im Gespräch mit Praktikern mit den entsprechenden Fragen und Problemen befasst war, die Richtung zu markieren, in die sich der Ansatz für eine fruchtbare neue Orientierung verschieben sollte.

Technisch haben ihn dabei Frau stud. theol. Magdalena Kiess und Herr Dipl.-Theol. Maximilian Gigl unterstützt. Beiden gilt ein herzlicher Dank, ebenso wie Herrn Prof. Dr. Dr. Jochen Sautermeister, der das gesamte Manuskript durchgelesen und Ratschläge zur Verbesserung gegeben hat. Dank gilt schließlich auch Herrn Dr. Thomas Brockmann von der WBG Darmstadt, der das vorliegende Projekt angeregt und mit Interesse und sanftem Nachdruck den Autor „bei Laune gehalten" hat.

Widmen möchte ich dieses Buch meinen (längst erwachsenen) Kindern und Schwiegerkindern. Sie waren mir über viele Jahre des Forschens und Lehrens zu diesem Themenkreis kritische und zugleich wohlwollende Gesprächspartner und zugleich erste Instanz für die Glaubwürdigkeit der von mir gesuchten Positionen. Ich verdanke ihnen manchen Lernprozess.

München, im Juli 2015   Konrad Hilpert

Kapitel 1:

Was man typischerweise mit „katholischer Sexualmoral" verbindet

Ausgangspunkt und Widerlager aller theologischen Versuche in der jüngeren Vergangenheit, eine „tragfähige"[1] oder gar „neue christliche"[2] Sexualmoral oder Beziehungsethik gedanklich zu umreißen, ist die sogenannte katholische Sexualmoral. Obschon dieser Begriff theoretisch und normenlogisch durchaus unscharf ist, verbinden sich mit ihm ziemlich präzise inhaltliche, sprachliche und geltungsmäßige Vorstellungen. Als typische Merkmale gelten vor allem:

1.1 Ein Gefüge von konkreten Normen

Dargestellt finden kann man dieses Gefüge etwa in den zahlreichen älteren Beichtspiegeln, wo die konkreten Normen in der Form einfacher Tatfragen zur Gewissenserforschung bzw. zum Bekenntnis aneinandergereiht sind, z.B.: „Habe ich Unkeusches getan oder geschehen lassen? Allein oder mit anderen? Habe ich solches gelesen, darüber gesprochen oder unanständige Lieder gesungen? [...]"[3] In erneuerter und sogleich noch detaillierterer Gestalt findet man diesen Komplex beispielsweise im *Katechismus der Katholischen Kirche* von 1997. Dort wird im dritten Teil das „Leben in Christus" abgehandelt und in einem Abschnitt desselben über die Zehn Gebote auch das sechste Gebot „Du sollst nicht die Ehe brechen", dem die gesamte Sexualmoral zugeordnet wird.[4]

Nach den Verweisen auf wichtige biblische Aussagen hierzu (I) werden ausführlicher drei Bereiche thematisiert, nämlich die „Berufung zur Keuschheit" (II), die „Eheliche Liebe" (III) und „Verstöße gegen die Würde der Ehe" (IV).

Unter den Verstößen gegen die Keuschheit werden aufgezählt: Unkeuschheit (als ungeregelte Geschlechtslust definiert), Masturbation, Unzucht, Pornographie, Prostitution, Vergewaltigung, sexuelle Handlungen unter Homosexuellen. Als verwerflich im Bereich der ehelichen Liebe werden Verstöße gegen die Haltung der Treue sowie alle Handlungen qualifiziert, die darauf abzielen, die Fortpflanzung zu verhindern (bzw. auch, sie mit technischen Mitteln herbeizuführen). Als „Verstöße gegen die Würde der Ehe" werden Ehebruch, Ehescheidung, Polygamie, Inzest und das „Verhältnis" (nichteheliche Beziehungen) genannt. Sexueller Missbrauch von anvertrauten Kindern und Jugendlichen wird sowohl bei der Vergewaltigung als auch beim Inzest ausdrücklich erwähnt und als Steigerung im Grad der Verwerflichkeit qualifiziert.

Inhaltlich zusammengebunden werden alle diese konkreten Normen durch zwei allgemeine Grundsätze, nämlich den Grundsatz der Keuschheit und den Grundsatz der Ganzheit der (Selbst-) Hingabe. Keuschheit wird als „Unversehrtheit der Person" bzw. als unversehrte Bewahrung der in jedem Menschen „angelegten Lebens- und Liebeskräfte" definiert. Unkeuschheit ist dementsprechend „ein ungeregelter Genuss der geschlechtlichen Lust oder ein ungeordnetes Verlangen nach ihr. Die Geschlechtslust ist dann ungeordnet, wenn sie um ihrer selbst willen angestrebt und dabei von ihrer inneren Hinordnung auf Weitergabe des Lebens und auf liebende Vereinigung losgelöst wird." Unter „Ganzheit der Hingabe" versteht der Katechismus, dass die sexuelle Vereinigung ein vorbehaltloses gegenseitiges „Sich-Schenken" der Gatten zum Ausdruck bringen soll. Das aber ist nur in der Ehe möglich bzw. die Ehe erscheint als die Erfüllung, als das Zeichen und das sakramentale Unterpfand dieser Hinordnung auf die leibliche Intimität der Gatten.

1.2 Die Form von Gesetzen

Moralische Verbindlichkeiten werden typischerweise in der Form von Vorschriften präsentiert, ganz in Analogie zu rechtlichen Sollensforderungen. Es handelt sich eben nicht nur um Ideale, denen nachzueifern ist, oder um Zielvorstellungen, also um Hinweise, nach welcher Richtung man sich mühen solle. Durch Verbote werden die Grenzen zwischen dem erlaubten und dem verbotenen Handeln unmissverständlich und oft auch rigoros markiert. Dabei handelt es sich also nicht nur um einen sprachlichen Duktus der inhaltlichen Forderungen, sondern um die Verwendung einer Begrifflichkeit, die mit Vorstellungen von Setzung, Vorgegebenheit, Unveränderlichkeit, Einhaltung von Regeln – unabhängig von der inneren Intention und individuellen Situation der Handelnden sowie objektiv feststellbarer Eindeutigkeit – in Zusammenhang gebracht und von daher interpretiert und verstanden wird. Dahinter steht theologisch die Gewissheit, dass sich der Wille Gottes mittels der gesetzlichen Bestimmungen fassen lässt.

1.3 Geltung aus Autorität

Die konkreten Normen treten im Modus autoritativer Sollensforderungen entgegen. Sie sind nicht primär darauf angelegt, bei den Adressaten Einsicht schaffen zu wollen oder an ihre Überzeugungen anzuschließen. Oft werden sie sogar ohne Begründung geltend gemacht. Eine solche gibt es zwar, aber sie ist nicht konstitutiv für den Geltungsanspruch. Entscheidend ist vielmehr die Autorität, die den Geltungsanspruch erhebt und ihn verbirgt. Das ist je nachdem das kirchliche Amt, die Lehre der Kirche oder die Einstimmigkeit und Beständigkeit der Tradition. „So hat es die Kirche immer verstanden und gelehrt"[5], lautet dann die vorrangige Begründung, vor allen einzelnen Belegen, theologischen Reflexionen und sogar biblischen Referenzstellen. Gibt es solche (wie im Falle der Homosexualität), dann werden diese zumeist ungeschichtlich, also in ihrem Wortlaut und so, wie sie einem Leser unmittelbar zugänglich sind, genommen und nicht auf dem Hintergrund ihres historischen Kontextes verstanden und in aus ihm sich erschließenden Gründen.

Das erwartete sittliche Verhalten derer, die diese Normen zur Kenntnis nehmen, ist, dass sie ihnen Folge leisten. Weder auf die Bemühung um ein eigenes Urteil noch auf den Eigenentscheid zum Handeln kommt es vorrangig an, sondern auf die gehorsame Annahme, sofern die Normen für den Einzelnen nicht aus eigener Einsicht einsehbar sind. Die Semantik vieler kirchlicher Dokumente zur Moral zielt darauf, Verhalten und Überzeugungen der Gläubigen durch institutionelle Weisungen zu binden.

Dazu passen auch die Bilder, mit denen sich die Kirche in nicht wenigen Dokumenten selbst bezeichnet, nämlich als „Mutter und Lehrmeisterin aller Völker"[6], als „Wächterin und Auslegerin des gesamten Sittengesetzes"[7] und als „Expertin der Menschlichkeit"[8]. Diese Bilder wollen gerade keine begrifflich exakte Ekklesiologie umreißen, die sich Zug um Zug auslegen ließe, sondern wählen den symbolischen Code der Metaphern. Gleichwohl können auch Metaphern gegenüber den Gläubigen Überlegenheit und Unanfechtbarkeit signalisieren.

1.4 Thema Scheitern – Fehlanzeige

Sexualmoralische Normen wollen dem sexuellen Verhalten und den intimen Beziehungen von Menschen Ausrichtung und Gestalt geben, nicht ihre Realität erfassen und beschreiben. Von daher eignet ihnen von vornherein der Charakter der Idealität: Sie skizzieren eine Wirklichkeit, wie sie sein sollte. Interessant bleibt indessen die Frage, welcher Platz der Abweichung und dem Nichteinhalten bestimmter konkreter Normen im normativen Setting zugewiesen wird.

Hier ist die Tradition sehr rasch mit der Kategorie der Sünde, sogar mit der der schweren Sünde zugange, während der Katechismus dieses Wort vermeidet und stattdessen lieber von „Verstößen" spricht. Abgesehen von der Frage, ob das Kriterium der Übertretung einer gesetzlichen Norm schon ausreicht, um „Sünde" zu diagnostizieren, weil hierfür auch die Innenseite des Täters (Einsicht, in der Lage dazu sein usw.) relevant ist, stellt sich doch allem voran die Frage, ob außer der Schuld nicht auch andere Möglichkeiten der Nichteinhaltung bestehen, die gerade nicht intendiert und gewollt ist, sondern sich aufnötigt und erlitten wird. Beziehungen sind wie viele andere Projekte im Verlauf eines menschlichen Lebens nicht immer erfolgreich und beinhalten auch bei sorgfältiger Prüfung, anfänglicher Zuneigung und viel gutem Willen psychische und psychosoziale Risikofaktoren, die nicht oder nur zum Teil der Kontrolle und Steuerung der Partner unterliegen. Zu diesen Risikofaktoren gehören beispielsweise Rollenmuster, generationenübergreifende Konstellationen, Wiederholungen verletzenden und schädigenden Verhaltens. Schuldigwerden und Scheitern müssen also nicht moralisch strikt unterschieden werden, sondern können im konkreten Fall miteinander vielfach verwickelt sein.

In der traditionellen katholischen Sexualmoral kommt die Möglichkeit des Scheiterns jedoch so gut wie nicht vor. Es wird zwar mit einzelnen Fällen gerechnet, in denen eine Trennung gerechtfertigt ist, und auch damit, dass die Anteile des Verschuldens zwischen den Partnern ungleich sein können, aber in beiden Fällen muss vom Fortbestand des Ehebandes ausgegangen werden.[9] Das Scheitern als Resultat einer gemeinsamen Entwicklung, die als Ehe intendiert war, ist gar kein Thema, genauso wenig wie das Scheitern einer Beziehung, die zwar als „Verhältnis" begonnen hat, aber nie zu einer Ehe wurde.

Kapitel 2:
Lehre und Leben

Die Normen der Sexualmoral, wie sie in Beichtspiegeln, Katechismen älteren und neueren Datums sowie in päpstlichen Dokumenten enthalten sind, sind in Gestalt von Sätzen formuliert. Allerdings reicht es für moralische Normen nicht hin, dass sie sich als Forderungs- oder Verbotssätze aussprechen und aufschreiben lassen. Vielmehr handelt es sich erst dann wirklich um moralische Normen, wenn sie auch gelten. „Gelten" aber heißt, dass ihnen ein Anspruch eignet, dem die, die diese Sätze hören oder lesen, innerlich zustimmen können. Ein Anspruch also, von dem sie sich getroffen und auch betroffen fühlen, das heißt: berührt und von innen heraus aufgefordert werden, selber so zu handeln, wie es in der Norm allgemein formuliert ist.

Hier aber liegt ein ernstes Problem. Denn was mit dem Stichwort katholische Sexualmoral chiffriert werden kann, ist zwar mehr oder weniger bekannt. Vielen Älteren vor allem aus der Erinnerung, manchen Jüngeren vom Hörensagen oder von skandalisierten Zusammenhängen. Aber dieser gewusste Komplex aus konkreten Forderungen erfährt nicht oder, um genauer zu sein: in vielem nicht mehr innere Zustimmung seitens der Kirchenmitglieder, die ihn kennen. Und erst recht stößt er auf offene Distanzierungen in den verschiedenen sozialen Lebenswelten, in denen die Kirchenmitglieder sich aufhalten.

Deshalb soll in diesem Kapitel nach der inhaltlichen und soziologischen Eigenart dieser Distanz gefragt und ihren Gründen nachgegangen werden.

2.1 Diskrepanzen

Die Antworten auf die vom Vatikan im Herbst 2013 weltweit in Umlauf gebrachte Umfrage zur Vorbereitung der Familiensynode zeigten in unbezweifelbarer Deutlichkeit, dass vor allem die offiziellen Standpunkte zu vorehelichen sexuellen Beziehungen, zur Verhütung, zum Ausschluss wiederverheirateter Geschiedener vom Empfang der Sakramente sowie zu Homosexualität und homosexuellen Partnerschaften bei den Katholiken, die sich die Mühe gemacht haben zu antworten, auf wenig Verständnis stoßen oder sogar ausdrücklich abgelehnt werden.[1] Sie werden in den Kommentaren als Baustein einer Sexualmoral wahrgenommen, die als „lebensfern", als in ihrer Begründung nicht mehr überzeugend oder schlichtweg „veraltet" empfunden sowie als irrelevant für die eigene Lebensführung bekannt wird.[2] Diese Ergebnisse, aufgenommen und veröffentlicht in der ausführlichen Zusammenfassung der Deutschen Bischofskonferenz, bestätigen damit ein weiteres Mal die ausgeprägten Diskrepanzen zwischen der Lehre und dem gelebten Ethos im Feld der Sexualmoral. So gut wie alle empirischen Untersuchungen der letzten 50 Jahre zeigten diese Diskrepanz zwischen den amtlich vertretenen Positionen und der Praxis eines abweichenden Großteils der Katholiken, die davon überzeugt sind, dass es richtig und verantwortbar sei so zu handeln.[3]

Sie besteht freilich nicht in allen Punkten der Sexualmoral, etwa nicht bei der Verurteilung von Vergewaltigung, Ehebruch und Inzest. In Fragen wie Empfängnisverhütung und Wiederverheiratung nach dem Scheitern einer Ehe aber fallen sie besonders deutlich aus und gehören insgesamt zu den stärksten Diskrepanzen im Bereich der kirchlichen Glaubenslehre.

Bei der beschriebenen Diskrepanz handelt es sich nicht nur um eine Kluft zwischen der subjektiven Erkenntnis des moralisch Richtigen einiger Gläubiger und ihrem Handeln, sondern vielmehr um die Dissonanz zwischen der Erkenntnis vieler, was moralisch richtig ist, und offiziell vertretener Normen, was richtig bzw. falsch sei. Als 1968 die Enzyklika *Humanae vitae* die damals aufgekommenen Methoden der hormonellen Empfängnisverhütung verurteilte, wurde die Diskrepanz zum ersten Mal in dieser Ausgeprägtheit und mit einer solchen Wucht sichtbar, dass nicht nur prominente Theologen, sondern auch Bischöfe und ganze Bischofskonferenzen in vielen Ländern pastorale Erklärungen verfassten, in denen individuelle Konfliktlösungswege aufgezeigt wurden und die Bischöfe sich selber und ihren Mitarbeitern hinsichtlich der Einforderung der betreffenden Verbote Zurückhaltung auferlegten. Diese spezielle Frage verursacht deshalb im Alltagsleben der Gemeinden und Familien heute keine großen Konflikte mehr, zumal Seelsorger und Gläubige gleichzeitig Übereinstimmungen im moralisch Grundsätzlichen – verantwortete Elternschaft, Schutz des vorgeburtlichen Lebens, Kinderfreundlichkeit, Dankbarkeit für die Gabe des Lebens – sehen.

Gleichwohl ist der fortschwelende Konflikt ekklesiologisch unbefriedigend und Ausgangspunkt für viele weitere Konflikte um Personen und Meinungen. Bei der Praxis der Prüfung der Loyalität von Anwärtern für höhere Ämter (Bischöfe, Professoren) ist die Affirmation zur Position von *Humanae vitae* nach wie vor ein entscheidendes Kriterium. Untergründig ist das Beharren auf der offiziellen Position der Ausgangspunkt für tiefe Entfremdungen und Enttäuschungen. Dies konnte man vor allem im Zusammenhang mit der Frage der Bekämpfung von Aids hierzulande und in armen Ländern immer wieder beobachten.

Von amtlicher Seite wird der Hinweis auf die tiefe Diskrepanz zwischen kirchlicherseits vertretenen Normen und der Lebenspraxis von Katholiken manchmal mit dem Argument relativiert, bei Normen bleibe immer eine Differenz zwischen Forderung und Befolgung offen. Auch jede Rechtsnorm werde in einem bestimmten Umfang und mit einer gewissen Häufigkeit verletzt (man denke an Parkverbote oder Geschwindigkeitsbegrenzungen). Das stimmt; und doch ist diese Analogie verharmlosend. Nicht nur, dass sich der moralischen Nichtbefolgung nicht mit Strafmandaten und Überwachungskameras auf den Leib rücken lässt. Vielmehr geht es eben gar nicht nur um die stets vorhandene Differenz zwischen Normativität und Faktizität, sondern um die Dissonanz zwischen mit existenziellem Ernst gelebten Überzeugungen der vielen, die so handeln zu dürfen bzw. sogar zu sollen glauben, und den Standards einer Lehre, die in ihrem Sinn und Grund nicht oder nicht mehr eingesehen werden kann. Der Bruch – man könnte sogar von einer „Spaltung" (griechisch: Schisma) reden – reicht also viel tiefer und betrifft nicht nur das äußerliche Verhalten, sondern auch die moralischen Einsichten, Erfahrungen und Überzeugungen, die für die Lebensführung so etwas wie Fixpunkte sind. Das Sich-Abfinden mit dieser Diskrepanz auf Dauer jedenfalls ist bedenklich und könnte als Sturheit und Lernverweigerung verstanden werden. Die Diskrepanz wird auch nicht kleiner oder unsichtbarer, wenn Theologen, die auf sie aufmerksam machen und Überlegungen anstellen, wie sie verkleinert werden könnte, mit Strafen rechnen müssen.

2.2 Veränderte Rahmenbedingungen

Gründe für diese Kluft, die ja nicht schon immer bestanden hat, sondern ein Phänomen der letzten 50 Jahre ist, wird man vor allen theologischen Überlegungen zunächst bei den lebensweltlichen Verhältnissen zu suchen haben, die sich in eben diesem Zeitraum deutlich verändert haben.

Eine dieser Veränderungen besteht in der ständigen Ausweitung der Zeitspanne zwischen Eintritt der Geschlechtsreife und dem Heiratsalter. Das durchschnittliche Alter bei der Geschlechtsreife (bei Mädchen die erste Menstruation, bei Jungen der erste Samenerguss) beträgt nach der letzten großen Untersuchung aus dem Jahr 2001[4] für die Geburtsjahrgänge 1975–1980 12,75 Jahre bei den Frauen und 12,80 bei den Männern. Für die Geburtsjahrgänge 1960–1964 lag sie bei den Frauen noch bei 13,27 Jahren und für deren Mütter (Geburtsjahrgänge 1935–40) sogar bei 14,05 Jahren. Für die Geschlechtsreife bei den Männern liegen keine parallelen Daten vor, doch lag der Wert nur drei Jahre früher noch bei 13,35 Jahren, sodass auch hier von einem stetigen Absinken des Reifealters auszugehen ist. Das durchschnittliche Heiratsalter stieg – lässt man andere Faktoren wie die zunehmende Verbreitung von nichtehelichen Lebensgemeinschaften, Single-Existenzen und Alleinerziehenden-Gemeinschaften außer Acht – bei Frauen wie Männern im gleichen

Zeitraum (1960–2012) um sieben Jahre an (von 24,0 auf 30,5 bei Frauen und von 26,1 auf 33,2 bei Männern).[5] Das hat naheliegenderweise etwas mit den gestiegenen Anforderungen an Schulbildung und Ausbildung sowie mit wirtschaftlicher Unsicherheit zu tun, stellt aber unabhängig von den Gründen eine Veränderung für den Umgang mit der eigenen Sexualität und die Praxis partnerschaftlicher Beziehungsgestaltung dar.

Kaum zu überschätzen ist ferner die Veränderung, die durch die Erreichbarkeit und vergleichsweise leichte Handhabbarkeit „sicherer" Verhütungsmaßnahmen seit Mitte der 1960er-Jahre induziert wurde:[6] Paare, die miteinander Geschlechtsverkehr aufnehmen, brauchten seither nicht mehr mit dem Risiko oder gar der hohen Wahrscheinlichkeit zu leben, dass daraus ungewollte Schwangerschaften entstehen. Diese Veränderung entzog der Norm, dass Sexualität nur im Raum der Ehe stattfinden dürfe, das psychologisch triftigste und sozial plausibelste Argument. Die Entkoppelbarkeit von Sexualität und Zeugung öffnete somit auf einen Schlag neue Freiheitsräume für Paare, die dann auch genutzt wurden.

Eine bedeutsame Veränderung für das gemeinsame, Intimität einschließende Zusammenleben stellt auch die laufende Zunahme der durchschnittlichen Lebenserwartung dar. Diese beträgt für die 2009–2012 geborenen Männer 77,72 Jahre, für die im selben Zeitraum geborenen Frauen 82,73 Jahre.[7] Das heißt vor allem, dass die gemeinsame Lebenszeit, die zwei Partnern in einer Beziehung zur Verfügung steht, tendenziell immer größer wird und gleichzeitig die statistische Wahrscheinlichkeit, dass sie durch den Tod eines Partners früh endet, im Vergleich zu früheren Zeiten signifikant sinkt.

Schließlich muss in diesem Zusammenhang auch erwähnt werden, dass sowohl die Ansprüche an die Voraussetzungen für den Entschluss zu einem auf Dauer angelegten Zusammenleben wie auch die Herausforderungen an die Gestaltung des Innenverhältnisses einer Partnerschaft im Laufe der letzten 50 Jahre erheblich gewachsen sind. Der biographische Weg zur Findung der eigenen Identität einschließlich der Klarheit über die sexuelle Orientierung ist heute aufgrund der vielen Angebote und Alternativen anstrengender und aufwändiger als ehedem, wo vieles durch Eltern, biologische Rollen und soziales Milieu vorbestimmt war. Und wenn dann die Bereitschaft zu Intimität und Partnerschaft mit einer bestimmten Person erreicht ist, müssen die Partner noch ihre spezifische, für sie beide passende Form des gemeinsamen Lebens erst finden. Denn auch die Lebensform ist nicht mehr gleichermaßen festgelegt wie früher; sondern es bieten sich neben den bekannten Bildern auch andere Varianten an, die eigentlich alle auch gesellschaftlich weitgehend akzeptiert werden. Als wichtiger Faktor für die Wahl bzw. innere Gestaltung der Lebensform tritt die binnen weniger Jahre stark angewachsene Sensibilität für Asymmetrien in den früheren Geschlechterverhältnissen noch hinzu.

2.3 Eine Moralagentur unter anderen

Kirchliche Moralverkündigung findet heute üblicherweise kaum mehr in abgeschotteten kirchlichen Binnenräumen statt, sondern auch oder sogar vor allem in der Gesellschaft, in die Kirche eingebettet ist. Die Gesellschaft räumt ihr wohl bei manchen Fragen mehr (z. B. in Fragen der Sozialpolitik und in solchen der medizinischen Ethik), in manchen hingegen (z. B. in Fragen der Finanz- und Wirtschaftspolitik) auch weniger moralische Zuständigkeit ein, aber stets nur beschränkt und gleichsam auf „Vorschuss". Außerdem ist die Kirche in der modernen freien Gesellschaft so gut wie nie die einzige Instanz, die moralische Forderungen formuliert und öffentlich verlautbart. Vielmehr gibt es um sie herum noch weitere moralische Instanzen von zum Teil großem Gewicht wie andere Glaubensgemeinschaften, die sich mit Denkschriften und ereignisbezogenen Stellungnahmen zu Wort melden, die höchstrichterliche Rechtsprechung, zivilgesellschaftliche Organisationen, Verbände, parlamentarische Enquetekommissionen oder auch Ethikräte, wie sie in vielen Ländern eingerichtet wurden.

Für die Kirche bedeutet dies ganz grundsätzlich wie auch in Bezug auf die Realitäten von Partnerschaft, Ehe, Familie und Lebensformen konkret, dass weder ihre Sprecher noch die Theologie eine Alleinzuständigkeit für diese Themen haben. Fast reflexartig werden ihre Kommentierungen und Interventionen zu entsprechenden Themen als die Standpunkte „bloß" einer gesellschaftlichen „Gruppe" wahrgenommen und behandelt (etwa in Foren und Talkshows). Jeder Versuch, mittels prominenter Personen oder gar mittels Absprachen mit politischen Parteien Einfluss in eine gewünschte Richtung auszuüben, erregt Verdacht, auf die alte Achse zwischen Staat und Kirche zu setzen und damit demokratische Spielregeln zu unterlaufen. Weil dies so ist, stoßen Versuche, durch kirchliche Sanktionen „von oben" bestimmte Positionen oder Theologen zu disziplinieren, in der Öffentlichkeit auf Verständnislosigkeit oder lösen Empörung aus.

Der längst erfolgte, aber spätestens seit der Missbrauchsaffäre auch offenkundige Verlust des Moralmonopols der Kirche in der heutigen Gesellschaft bedeutet freilich keineswegs, dass die Kirche überhaupt nicht dezidierte moralische Ansprüche vertreten dürfte oder könnte, sondern zunächst „nur", dass sie, wenn sie Standards formuliert, nicht davon ausgehen kann, dass diese von allen anerkannt oder auch nur hingenommen werden. Wenn sie es tut, tritt sie vielmehr, ob sie möchte oder nicht, in einen Wettbewerb mit den anderen Anbietern moralischer Orientierung ein, die ihr zustimmen, widersprechen, sie für falsche Prioritäten kritisieren oder sich in ihren Erwartungen enttäuscht sehen. Das Mindeste, was von ihr erwartet wird, ist, dass sie in die öffentliche Verhandlung des Strittigen eintritt und sich daran beteiligt, auszuloten, wie weit die eigenen Positionen von anderen geteilt werden können bzw. ob sie auch andere zu überzeugen vermag, und auch, ob sie glaubwürdig sind, gemessen am eigenen kirchlichen Handeln.

Solches Sich-Einlassen aber ist in Form der amtlichen Bekanntmachung und Belehrung („Instructio") kaum mehr möglich. Dazu bedarf es vielmehr eines anderen Typus von moralischer Kommunikation. Für diesen charakteristisch ist einerseits das Anhören und Argumentieren, andererseits das Vormachen und Praktizieren. Für viele Gläubige entscheidet sich die Tragfähigkeit des kirchlichen Sprechens über Ehe, Sexualität und Familie und für alle Nichtglaubenden die Glaubwürdigkeit des kirchlichen Sprechens daran, dass sich die Kirche dieser Art von moralischer Kommunikation nicht verweigert. Aber auch für die Kirche selbst steht etwas auf dem Spiel, nämlich ihre Sprachfähigkeit zu diesen Themen – ein Postulat, das heute auch vonseiten vieler Verteidiger der traditionellen kirchlichen Morallehre erhoben wird, aber sich offensichtlich nicht nur durch einen Wechsel der Wörter und einen einladenderen Ton „abarbeiten" lässt.

In den Äußerungen zahlreicher Gläubiger aus Anlass von Befragungen wird dieser Sehnsucht bzw. diesem Gespür, dass es dringend eines anderen Modus moralischer Kommunikation bedarf, in der Weise Ausdruck verliehen, dass von der Kirche eine Moral verlangt wird, die Orientierung geben, Einsicht schaffen und Begleitung auf den Wegen des Lebens, auch und gerade den schwierigen, leisten soll.

2.4 Konkurrierende Moralen

Die Situation der kirchlichen Moral in der modernen freiheitlichen Gesellschaft ist – das zeigten die Ausführungen im vorausgegangenen Abschnitt – nicht die, dass es außer der kirchlichen Morallehre in der Gesellschaft keine moralischen Vorstellungen und Verbindlichkeiten gäbe. Das trifft nicht einmal hinsichtlich der Lebenswirklichkeiten von Partnerschaft und Familie zu, denn auch diesbezüglich wird doch weithin anerkannt, dass Verantwortlichkeiten bestehen, auch wenn diese nicht mit Rekurs auf kirchliche Grundsätze formuliert werden. Ein Beispiel: Wenn junge Leute verhüten, dann tun sie das, um leichtfertige Schwangerschaften und den Konflikt, sich zwischen einem Kind und einem Abbruch entscheiden zu müssen, zu vermeiden. Auch die Absicht, den Partner oder sich selbst vor möglicher Ansteckung zu schützen, ist vielfach ein wirkmächtiges Motiv für ein solches präventives Verhalten. Ist das unmoralisch, und darf man unterstellen, dass sie sich gegen das Leben und gegen Kinder stellen? Ein anderes Beispiel: Partner nichtehelicher Lebensgemeinschaften leben zusammen und erleben miteinander ihre Intimität. Aber sie heiraten nicht bzw. noch nicht. Muss ihr Verhalten als Scheu vor Bindung und Verweigerung gedeutet werden oder könnte es nicht sein, dass sie ihre Beziehung unter Vorbehalt stellen, bis sie sich sicher sind, dass sie selbst und der andere einen solchen Schritt wirklich wollen? Ist ein solcher Vorbehalt dann moralisch defizitär oder im Gegenteil Konsequenz aus der Verpflichtung zu unbedingter Authentizität und Treue?

Es spricht vieles dafür, dass die Situation der Moral, auch die der kirchlichen Moral, in der modernen Gesellschaft, was die Inhalte betrifft, dadurch gekennzeichnet ist, dass mehrere Moralen aufeinandertreffen und sich samt ihren Ansprüchen und zentralen Anliegen übereinanderschieben, aneinander reiben und sich manchmal dann auch miteinander verbinden.

So ist etwa in allen gesellschaftspolitischen Diskussionen ein Moraltypus erkennbar, der ganz auf die eigene Freiheit aus ist und überall die Selbstbestimmtheit der Lebensführung einfordert, angefangen von der Erziehung der Kinder bis hin zur Gestaltung des Sterbens. Dieser Moraltypus größtmöglicher Selbstbestimmtheit gerät geradezu zwangsläufig in eine Spannung zu der Vorstellung, dass das Zusammenleben einen festen institutionellen Rahmen (formuliertes Versprechen) und eine öffentliche Bestätigung (den Trauschein) braucht, um sich von den Unwägbarkeiten der Gefühle und der Zufälle des Lebens unabhängig zu machen.

Erkennbar ist auch eine Moral des Aushandelns und Ausprobierens. Sie legt besonderen Wert darauf, dass Partner, die sich an ein so anspruchsvolles Projekt heranwagen, erst einmal Erfahrungen machen müssen, bevor sie solche Verbindlichkeiten eingehen. Gemeint sind Erfahrungen mit sich selbst und den eigenen Erwartungen, aber auch die Erfahrungen mit einem anderen, der einem zwar sympathisch ist, den man aber doch erst noch besser kennenlernen muss, auch im Alltag und unter Anspannungen; und schließlich sind auch Erfahrungen mit dem Zusammenleben und mit der Spannung von Nähe und Distanz, die diesem eigen ist, mitgemeint. Dieser Typ von Aushandlungs- und Experimentalmoral harmoniert aber wiederum nicht mit der Vorstellung, das Moralische bestünde darin, sich nach den Maßstäben und Regeln zu richten, die schon für die früheren Generationen gegolten haben und die bei der Kirche und ihren Repräsentanten aufbewahrt und bestärkt werden.

Wenigstens noch ein weiterer, also dritter Moraltypus zeichnet sich in den gesellschaftlichen Debatten heute deutlich ab: Sein zentrales Prinzip lautet „Inklusion". Gemeint ist mit Inklusion die Haltung des Annehmens trotz Hindernissen, des Normal-Findens, des gezielten Unterstützens zur Gleichheit hin, auch des Willkommen-Heißens Andersartiger. Ursprünglich als oberste Norm für die weitgehendste Integration von Menschen mit Behinderung formuliert, wird dieser Impuls längst auch auf andere Gruppen, die sich exkludiert fühlen, ausgedehnt, insbesondere auf Menschen mit anderer sexueller Orientierung. Wer immer aber die primäre gesellschaftliche Aufgabe darin sieht, die Ausgrenzung von Menschen aufgrund körperlicher, geistiger, psychischer, ethnischer usw. Merkmale zu überwinden, wird sich schwertun mit einem Denken, das von einer allen Menschen gleichen „Natur" her argumentiert und z. B. jede homosexuelle Aktivität als „unnatürlich" oder sogar „naturwidrig" klassifiziert. Die Kirche hat sich sogar in jüngerer Zeit verschiedentlich zum Verbot der Diskriminierung bekannt[8], und deshalb darf sie sich nicht beklagen, wenn sie auch mit Erwartungen konfrontiert wird, bestehende Diskriminierungen zu korrigieren.[9]

Alle diese doch recht unterschiedlichen Paradigmen von Moral – also die Moral maximaler Selbstbestimmtheit, die Moral des Aushandelns und Erprobens und die Moral der Inklusion – sind gleichzeitig und neben dem überkommenen Modell vorhanden und entfalten ihre Ansprüche. Und vielleicht ist ja der Bereich der privaten Lebensgestaltung besonders stark von dieser Gemengelage aus verschiedenen Moralen betroffen, weil bei der privaten Lebensgestaltung die Notwendigkeit einer Steuerung durch die Gesellschaft und einer äußeren Begrenzung weniger offensichtlich ist als in anderen Bereichen, wie etwa in der schulischen Bildung, im Verkehr, in der Versorgung mit Grundgütern und im Zugriff auf bzw. in der Bereitstellung von Gesundheitsleistungen.

Man mag als Eltern, als Großeltern, als kirchlicher Amtsträger oder schlicht als aufmerksamer Beobachter diese Entwicklung mit ihrer Dynamik bedauern. Denn sie macht – das ist kaum zu bestreiten – Biographien und Beziehungen komplizierter; und sie birgt auch reichlich Konfliktmaterial in sich. Aber verhindern kann man sie nicht, jedenfalls nicht durch amtliche Willensentscheide oder durch nostalgischen Pessimismus („früher war alles besser"). Die einzige Möglichkeit, sich ihr zu entziehen, wäre der Rückzug in kleine, geschlossene weltanschauliche Gruppen, in denen die Geltung der früheren Sexualmoral mit Strenge durchgesetzt wird und gegen störende Einflüsse von außen durch Kontakthindernisse abgedichtet wäre. Wenn man derlei Parallelgesellschaften aber nicht möchte, auch aus theologischen Gründen nicht will, weil die Botschaft des Evangeliums an alle gerichtet ist, dann muss man offen und sensibel sein für das Ethos, das in der Gesellschaft entsteht und heute oft durch bestimmte soziale Bewegungen vorangetrieben wird. Die eigenen Überzeugungen, Erfahrungen und Symbole müssen so erschlossen, begründet und angeboten werden, dass sie als Beitrag zur individuellen und zur gesellschaftlichen Urteilsbildung wahrgenommen werden können.

2.5 Vergewisserung über die Situation

Wenn die Verantwortlichen in der Kirche ein ungeschminktes Bild vom Denken und von der gelebten Praxis im Feld der partnerschaftlichen Beziehungen, der gelebten Sexualität und des familiären Zusammenlebens gewinnen wollen, kommen sie an empirischen Methoden zur Erfassung bzw. Beobachtung nicht vorbei. Dabei steht außer Frage, dass die sozialwissenschaftliche Betrachtung weder über die sittliche Güte und Richtigkeit einer bestimmten Handlungsweise befinden kann noch für das ureigene Selbstverständnis der Kirche, die Berechtigung bestimmter Geltungsansprüche und die Konsistenz moralischer Argumentationsgänge zuständig ist. In diese Richtung gehen ja häufig Befürchtungen und Vorbehalte.

Die primäre Funktion der sozialwissenschaftlichen Erkundung ist aber gar nicht die Legitimation bestimmter Verhaltensweisen, sondern die möglichst genaue Wahrnehmung der Realität in ihrer Bedingtheit. In zweiter Linie kann es dann auch um die Offenlegung von eingeforderten Idealen gehen, die sich in der Weise verselbstständigt haben, dass ihre sozialen Entstehungsbedingungen und auch ihre realen „Kosten" aus dem Blick geraten sind. In einem ganz anderen kirchenpolitischen Kontext (nämlich der Dogmatisierung der unbefleckten Empfängnis Mariens) hat vor mehr als einhalb Jahrhunderten der große englische Theologe und Kardinal John Henry Newman für Recht und Pflicht zur Konsultierung der Gläubigen in Dingen der christlichen Lehre plädiert[10] und dabei auf einen weiteren zentralen Sinn der Befragung hingewiesen, nämlich das Gewicht der Überzeugungen der vielen einfachen Gläubigen gegenüber denen, die Leitungsämter innehaben. Ekklesiologisch ging es Newman mit anderen Worten um das Anliegen, dass sich das Lehren der Kirche nicht abtrennt und verselbstständigt gegenüber dem Hören und Denken der Betroffenen. Man müsse – so Karl Rahner in einer berühmten Rede aus den ersten Nachkriegsjahren und unter ausdrücklicher Bezugnahme auf eine Sentenz Pius' XII. aus dem Jahr 1950 – die Leute „auch in der Kirche ‚sich einmal ausreden' lassen, wolle man wirklich die (geistige, seelsorgliche, gesellschaftliche usw.) Situation erkennen"[11].

Entsprechende empirische Untersuchungen zur Situation der Partnerschaftsmoral in Kirche und Gesellschaft vor allem auf nationaler Ebene hat es in den letzten 50 Jahren denn auch immer wieder gegeben. Die meisten wurden von privaten Forschungsinstituten (Allensbach, Emnid, Bertelsmann-Stiftung) nach streng repräsentativen Gesichtspunkten durchgeführt. Die Ergebnisse verweisen in großer Übereinstimmung in die skizzierte Richtung.

Zum ersten Mal auch in kirchlichem Auftrag wurde eine solche empirische Befragung (allerdings nicht fokussiert auf die Lage der Sexualmoral) aufgrund eines Beschlusses der Deutschen Bischofskonferenz 1970 unter allen deutschen Katholiken im Alter von über 16 Jahren durchgeführt, um die Gemeinsame Synode der Bistümer (sogenannte Würzburger Synode 1972–1975) vorzubereiten. Es war Bestandteil dieses Beschlusses, dass die Ergebnisse der Befragung auch öffentlich gemacht würden.

In einer methodisch sicher wesentlich anspruchsloseren und auf Repräsentativität von vornherein verzichtenden Form wurde etwas Ähnliches auch im Vorfeld der Bischofssynoden von 2014 und 2015 versucht. Auch wenn die Sprache bedauerlicherweise in binnenkirchlichem Jargon und traditionellen Denkmustern befangen bleibt und die Kommunikation innerhalb der innerkirchlichen Öffentlichkeit recht mangelhaft ist, handelte es sich hierbei immerhin um einen deutlichen Versuch, den Käfig der Binnenwahrnehmung und der vielfachen Selbstzensurierung hinsichtlich der Themen Ehe, Sexualität und Familie zu öffnen und jenen Teil der Kirche zu Wort kommen zu lassen, dem man seit dem II. Vatikanum immerhin ein spezifisches Apostolat[12] zuerkannt und den man als relevant für den Glaubenssinn festgestellt hat, nämlich den sogenannten Laien. Das ist theologisch von großer Tragweite und wirkt vielleicht in der Zukunft nachhaltiger, weil hiermit nicht nur eine Chance, sondern auch die Notwendigkeit anerkannt und ausgesprochen ist, dass die Stimmen und Überzeugungen derer gehört werden und eine Rolle spielen sollen, die bisher amtlich wenig oder gar keine Beachtung gefunden haben, gerade wenn es um die Lebenswirklichkeiten dieser Menschen geht. Dazu gehören die Mitglieder des einfachen Kirchenvolks, vor allem auch die Frauen.[13]

Kapitel 3:
Partnerschaftsethik – warum?

Dass Sexualität und Partnerschaft überhaupt zum Gegenstand ethischen Reflektierens gemacht werden, ist keineswegs selbstverständlich. Es gibt durchaus die Meinung, dass es abgesehen von der Einvernehmlichkeit der Partner keiner weiteren normativen Richtpunkte bedürfe. „Wer wen liebt und wo Kinder aufwachsen, geht niemanden etwas an"[1], so hieß es kürzlich im Untertitel eines Beitrags für die Sparte „Gesellschaft" einer großen deutschen Tageszeitung. Und es wurde nicht versäumt, im Text Sartres Charakterisierung der vertraglichen Ehe als „lebenslängliche Freiheitsberaubung" zu erwähnen und sogar von einer vom Grundgesetz geduldeten und geförderten Form von Leibeigenschaft zu sprechen. Die polemischen, auf die angebliche Nachhaltigkeit des Einflusses der Kirche auf den Staat zielenden Ausführungen einmal beiseite gelassen, artikuliert der zitierte Programmsatz ein latent weit verbreitetes Denken.

Kirchliches Sprechen und theologisch-ethische Überlegungen zu Sexualität und Partnerschaft können das nicht einfach ignorieren und ihr „Geschäft" weiter betreiben, nur weil die Sexualethik in ihrer Tradition eine so große Rolle gespielt hat. Vorhaben und Anliegen einer ethischen Behandlung dieses Feldes partnerschaftlicher Verhaltensweisen bedürfen zumindest der Rechtfertigung. Die Menschen, die in offenen Gesellschaften leben, sind es, auch wenn sie gläubig sind, gewohnt, von ihrem Recht auf Freiheit und Selbstbestimmung her zu denken. Das delegitimiert Einschränkungen und Forderungen nicht notwendigerweise, aber es macht sie begründungsbedürftig und begründungspflichtig.

3.1 Menschliche Sexualität im Schnittfeld von individueller Lebensführung, Sozialität und Kultur

Wie Endlichkeit und Geburtlichkeit gehört die biologische Differenz der Geschlechter und die Zugehörigkeit zu einem von ihnen zu jenen Vorgegebenheiten, die Menschen nicht ändern können, zu denen sie sich aber wohl irgendwie verhalten müssen. Der Mensch existiert als geschlechtliches Lebewesen. Und sein Geschlecht bestimmt sein Dasein elementar, von Anfang an bis zum Tod. Auch ist die geschlechtliche Prägung nicht bloß ein Teil von ihm, beschränkt auf einzelne seiner Organe, sondern sie umfasst den ganzen Menschen, genetisch bis hinein in jede Zelle seines Körpers.

Das Frau- oder Mannsein beeinflusst darüber hinaus die Art des Erlebens, Fühlens, Vorstellens, des Gedächtnisses und des sich Ausdrückens. Und es wirkt als mächtiger Faktor in den zwischenmenschlichen Beziehungen und im sozialen Handeln. Das Verhältnis zwischen Männern und Frauen ist außerdem ein Spannungsfeld, in dem Menschen höchstes Glück erfahren, aber auch Enttäuschungen, Demütigungen und Scheitern.

Wohl am elementarsten wird der Mensch mit der Tatsache, dass Menschen entweder als Mann oder als Frau existieren, darin konfrontiert, dass er bzw. sie von einer Frau geboren wurde; dass er nur durch die Fürsorge und Erziehung anderer zu einem eigenständigen Wesen heranwachsen konnte; und schließlich, dass er im Zusammenwirken mit einem (bzw. einer) Angehörigen des anderen Geschlechts selbst zur Erweckung neuer Menschen fähig ist. In allen bekannten Kulturen sind Geburt und Fürsorge im Säuglings- und Kleinkindalter sowie die Erziehung eingebunden in auf Dauer angelegte und geregelte Lebensformen, eine der verschiedenen Ausprägungen von Ehe, Familie oder familienähnlichen Konstellationen.

Geschlechtlichkeit beschränkt sich beim Menschen aber nicht auf die biologische Funktion der Fortpflanzung. Sie ist offenkundig mehr als nur naturhafter Trieb mit dem Ziel der Erhaltung der Menschheit. Sie betrifft den Menschen stärker und auch in vielen anderen Aspekten des Zusammenlebens und der Kultur. Sie ist auch eine Form und ein Mittel, wie das Miteinander von Menschen

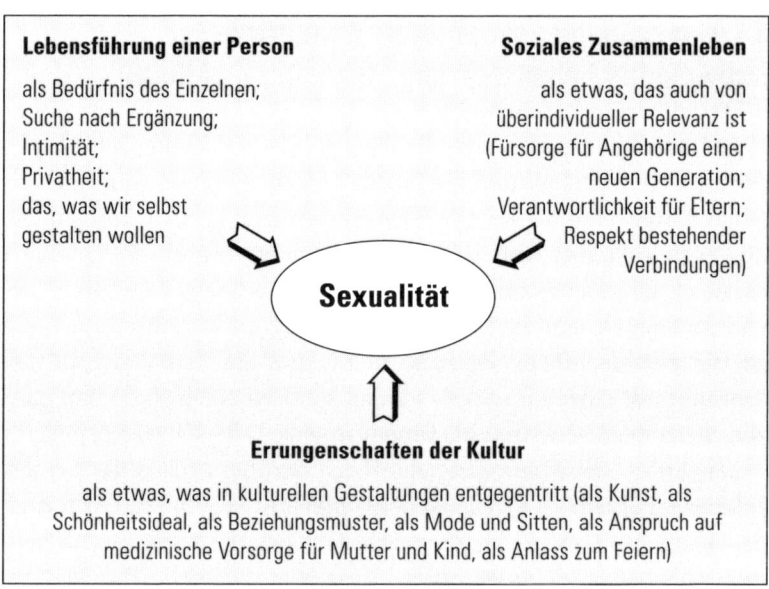

Lebensführung einer Person

als Bedürfnis des Einzelnen;
Suche nach Ergänzung;
Intimität;
Privatheit;
das, was wir selbst
gestalten wollen

Soziales Zusammenleben

als etwas, das auch von
überindividueller Relevanz ist
(Fürsorge für Angehörige einer
neuen Generation;
Verantwortlichkeit für Eltern;
Respekt bestehender
Verbindungen)

Sexualität

Errungenschaften der Kultur

als etwas, was in kulturellen Gestaltungen entgegentritt (als Kunst, als
Schönheitsideal, als Beziehungsmuster, als Mode und Sitten, als Anspruch auf
medizinische Vorsorge für Mutter und Kind, als Anlass zum Feiern)

Abb. 1: Sexualität im Schnittfeld von Lebensführung, Zusammenleben und Kultur

realisiert, unterstützt und gefestigt werden kann. Aber sie muss auch vom Einzelnen wahrgenommen und als Bestandteil der eigenen Person bejaht und berücksichtigt werden. Geschlechtlichkeit hat von daher eine eigene, über das Biologische hinausgehende Bedeutung und ein eigenes Recht als Dimension einer Person, die in die zwischenmenschliche Beziehung zu einem anderen Mann bzw. einer Frau eintritt, bzw. sich in eine intergenerationelle Konstellation zwischen Erwachsenen und Kindern hineinbegibt, sie gestaltet und ihr eine Form der Verantwortlichkeit gibt – eine Dimension, die, wenn sich die Beziehung als verlässlich erweist, zu einer Grundlage wird, auf der die eigene Lebensführung aufgebaut wird.

3.2 Zwei unterschiedliche Zugangsweisen

Die Aktivierung und Gestaltung des sexuellen Lebens ist nicht frei von Konflikten und birgt in sich neben positivem Erleben auch Möglichkeiten der Verletzung anderer oder seiner selbst. In dem skizzierten Spannungsfeld können sich immer wieder Spannungen, Konflikte, Zumutungen, Konkurrenzen, Forderungen und Verletzungen aufbauen.

Wie ist damit umzugehen? Und wer ist dafür zuständig? Aus der reflexiven Distanz gibt es zwei ganz unterschiedliche Weisen, darauf zuzugehen. Die eine ist das Beschreiben, Analysieren und Verstehen. Die andere ist das Vorschreiben, Normieren und Bewerten.

Der ersten Zugangsweise ist etwa die Psychologie zuzuordnen. Sie befasst sich mit den biographischen Wurzeln und den Voraussetzungen von Bindung bzw. mit dem, was in der Entwicklung eines Menschen oder in seiner Art, sich zu verhalten, zu Frustration oder Störungen von Beziehungen und Erleben führt. Biologie und Medizin befassen sich mit physiologischen Vorgängen und die Psychotherapie mit der Entwicklung von Erlebnisfähigkeit und Beziehungsqualität. Die empirische Erhebung und Beschreibung dessen, was Menschen im Durchschnitt oder in bestimmten Gruppen tatsächlich tun, gehört zum Aufgabenbereich der Sozialwissenschaften.

Der zweiten Zugangsweise sind vor allem Rechtswissenschaft, Ökonomie und Ethik zuzuordnen. Die Rechtswissenschaft kümmert sich um die Ausgestaltung von Institutionen wie Ehe, Lebenspartnerschaft, Familie, die Rechte und Pflichten von Eltern, die Zuweisung von Verantwortlichkeiten und die Spielräume. Eines ihrer zentralen Anliegen ist der Schutz der individuellen Grundrechte, auch innerhalb der Institutionen. Für Fälle, in denen es zu aggressiven Angriffen, zu Vernachlässigung oder zu Ausnutzung von Abhängigkeit kommt, stellt das Recht Verfahren, Regeln und Sanktionen bereit. Mit dem Instrument des Rechts werden aber auch ökonomische Fördermaßnahmen wie Kostenzuschüsse, Entlastungen, Kompensationsleistungen und die Versorgung für bestimmte Risiken (Tod eines Elternteils, Arbeits- und Erwerbsunfähigkeit, Kritik, Naturkatastrophen u. Ä.) sowie Erbgänge geregelt. Aufgabe der Ethik schließlich ist es, über die Frage des richtigen Umgangs mit der Sexualität in der eigenen Lebensführung und in den Interaktionen mit anderen und in diesem Kontext über das gerechte Verhältnis der Geschlechter und die Ordnung der Generationen unter besonderem Hinblick auf deren Verletzbarkeit nachzudenken.

3.3 Anliegen und Aufgaben einer Ethik der Partnerschaft

Das spezielle Interesse der Ethik besteht darin, der Frage nachzugehen, wie in dem beschriebenen Feld von Spannung, Ansprüchen, Zumutungen und Konflikten eine menschlich sinnvolle und sozial gut verträgliche Gestaltung von Sexualität gelebt werden kann. In modernen Signalbegriffen ausgedrückt geht es um die Gleichzeitigkeit von Freiheit und Verantwortung bei der Handhabung eigener und fremder (wenngleich fremdvertrauter) Sexualität.

Anliegen und Themenbereiche der Sexual- und Partnerschaftsethik sind in Entsprechung zu den drei genannten Perspektiven:

– Hilfen für die Lebensführung der Einzelnen, Unterstützung der Identitätsfindung, Stärkung der Empathie- und Bindungsfähigkeit, Konfliktverarbeitungskompetenz;

– die ethischen Grundlagen der Institutionen (z. B. Verbindlichkeit, Beständigkeit, Verlässlichkeit) und des rechtlichen Schutzes der Subjekte;

– die Sorge um das Vorhandensein entsprechender Einstellungen und Bereitschaften in der Gesellschaft; die Arbeit an sozialen

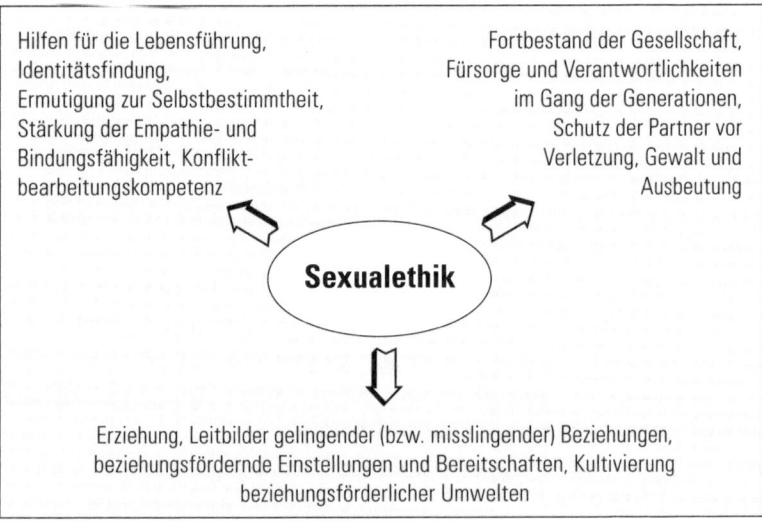

Hilfen für die Lebensführung, Identitätsfindung, Ermutigung zur Selbstbestimmtheit, Stärkung der Empathie- und Bindungsfähigkeit, Konfliktbearbeitungskompetenz

Fortbestand der Gesellschaft, Fürsorge und Verantwortlichkeiten im Gang der Generationen, Schutz der Partner vor Verletzung, Gewalt und Ausbeutung

Sexualethik

Erziehung, Leitbilder gelingender (bzw. misslingender) Beziehungen, beziehungsfördernde Einstellungen und Bereitschaften, Kultivierung beziehungsförderlicher Umwelten

Abb. 2: Sexualität und Partnerschaft als Gegenstand der Ethik

34

Leitbildern für das Zusammenleben und das Verhältnis der Generationen; die moralische Kultivierung beziehungsförderlicher Umwelten.

3.4 Entwicklungen in der jüngeren Sexualitäts- und Partnerschaftsethik

Wenn die Entwicklung der Sexualmoral in den letzten 50 Jahren zum Thema gemacht wird (vor allem unter dem Stichwort der „sexuellen Revolution"), dann wird je nach Standpunkt des Betrachters eine Geschichte der Befreiung oder aber eine des Werteverfalls und der falschen Emanzipation erzählt.[2] Beide Erzählungen erscheinen plausibel. Und ihr gemeinsamer Referenzpunkt ist das allgemeine moralische Bewusstsein zu Beginn dieser Entwicklung einschließlich der formulierten Überlegungen und Standards, in denen dieses Bewusstsein als damals noch geltendes Recht, als Moralkodizes für bestimmte Stände und Gruppen, als philosophische und theologische Traktate über Liebe, Ehe und Sexualität oder als Erwartungen an den „Anstand" und die „Sitte" Niederschlag gefunden hat.

So verständlich die Bezugnahme auf die Ausgangssituation als Vergleichspunkt für die Beschreibung und Einordnung der inzwischen eingetretenen Entwicklung ist, so wenig wird sie der Erfassung der Gesamtentwicklung gerecht, weil sie von vornherein nur auf die Verlustbilanz fixiert ist, für Zuwächse hingegen blind. Es soll keineswegs in Abrede gestellt werden, dass es solche Verluste gibt.[3] Zugleich aber gibt es unzweifelhaft auch Zuwächse an Wertorientierungen und normativen Erwartungen im Bereich von sexuellen Interaktionen und Partnerschaft. Einige Beispiele:

So hat „Zartheit/Zärtlichkeit" heute bis in die ethische Literatur hinein nicht nur die Bedeutung „Austausch von Berührungen", sondern steht auch für Behutsamkeit, empathische und rücksichtsvolle Nähe im Umgang miteinander. Auch wenn sich erotische Mitteilungen und Gesten von Partnern um keine von außen aufgestellten oder durch die Sitte tradierten Grenzen zu kümmern scheinen, unterliegen ihre Subjekte der Erwartung, darin „authentisch" zu sein, also echt, kongruent mit sich und ihrem Denken, nicht vorgespielt oder inszeniert. Auch „Gerechtigkeit" ist heute bei der Gestaltung der Partnerschaft für viele ein verbindliches Ideal, das insbesondere die gleiche Teilhabe an Ressourcen, Entwicklungsmöglichkeiten, beruflichem Erfolg und Verteilung der Lasten umfasst. Jener moralische Zuwachs jedoch, der wohl am kontinuierlichsten und am markantesten in Erscheinung tritt, ist die wachsende Bedeutung der Forderung nach sexueller Selbstbestimmtheit. Nicht erst die Vergewaltigung in Gestalt von erzwungenem Geschlechtsverkehr und die Verletzung der sexuellen Integrität von Bewusstlosen und Menschen mit Behinderung, sondern jede Annäherung, auch die durch anzügliche Worte, körpersprachliche Erniedrigung und Berührung, die aufgrund der Ausnutzung von zufälliger Nähe, von Hilflosigkeit, von Abhängigkeit, Scham, Drohung mit Nachteil u. Ä. zustande gekommen sind, gelten heute als Angriff auf die Freiheit des Leidtragenden.[4] Und zwar unabhängig davon, wo das geschieht, ob im Kollegen- oder im Bekanntenkreis oder sogar in der Familie, auf der Straße oder im Gedränge eines öffentlichen Verkehrsmittels.

In diesem verstärkten Bewusstsein schlägt sich einerseits die Ratio des neuzeitlichen Verständnisses vom Subjekt wie auch des Freiheitsdenkens nieder. Andererseits ist kaum zu übersehen, dass es die Logik des Rechts und des Strafrechtsschutzes ist, die in dieser Hinsicht für die Moral und für die ethische Behandlung eine transformierende Kraft entfaltet hat. Das könnte zu der Vermutung Anlass geben, die bislang von der Moral ausgeübte Regelungsfunktion sei heute durch das Recht abgelöst worden. Wenn man freilich genauer hinschaut, sind gerade die Möglichkeiten, rechtlich zu erfassen, welche Handlungen und Verhaltensweisen im konkreten Fall als Grenzverletzungen empfunden werden, und dies dann auch noch einmal als Tatbestand beweisfest zu machen, in hohem Maße von moralischen Kategorien abhängig wie: Freiheit des Wollens, Lüge und Täuschung, Überredung und Verführung, Respekt und Diskretion, Nähe und Distanz, „Anmache" und Kompliment. Sowohl diese Kategorien selbst als auch die nähere Bestimmung, was als Angriff empfunden wird, korrelieren mit einem Um- und Vorfeld von Moral, das kultiviert werden muss und seinerseits der

Kontrolle bzw. Korrektur durch Reflexion und Diskurs offensteht. Wenn es vor Gericht nur noch um die Frage geht, ob die Bestellung von Dateien mit Bildern nackter Kinder gerade noch nicht die Linie der Strafbarkeit überschritten hat oder eben doch schon, ist die Verletzung ihrer sexuellen Selbstbestimmungsfreiheit faktisch längst in Kauf genommen, und es geht nur noch um die Details der Ausschnitte und die Art der Strafe.

Die beispielhaft vorgestellten neuen und anerkannten moralischen Verbindlichkeiten verändern das Feld der Sexualitäts- und Partnerschaftsmoral sowie das ihrer Reflexion erheblich. Aber sie lösen es nicht einfach ab, so als wären Sexualmoral und Sexualethik insgesamt obsolete Regelwerke aus vormoderner Zeit. Vielmehr ergänzen und durchdringen sie die Sexualitäts- und Partnerschaftsmoral, sodass neue Sensibilitäten und Prioritäten in Erscheinung treten. Diese sind nicht inkompatibel mit den überlieferten Institutionen Ehe und Familie, sondern haben ein Eigenrecht und eine Autorität, die weder von den überlieferten Institutionen abgeleitet ist, noch von ihnen beschränkt werden kann.

Kapitel 4:

Eckpunkte einer Theologie der Sexualität

Inwiefern spielt Sexualität überhaupt eine Rolle im jüdisch-christlichen Glauben? Im religionsgeschichtlichen Vergleich fällt zunächst auf, dass der Gott Abrahams, Isaaks und Jakobs und auch der Gott Jesu zwar viele Prädikationen hat, aber eben nicht die, Mann zu sein oder Frau oder eine Mischung aus beiden. Wohl gibt es sowohl bei der Beschreibung des göttlichen Wirkens wie bei der Anrede Gottes Bilder und Attribute, die durch Vorstellungen von Männlichkeit geprägt sind (z. B. JHWH als Herr der Heerscharen, JHWH als treuer Ehemann, JHWH als Kriegsherr, Gott als Vater usw.), und wohl gibt es in der späteren Frömmigkeits- und Kunstgeschichte auf großen Strecken die dominierende Vorstellung von Gott als (altem) Mann. Aber sie sind nie als Aussagen über das Geschlecht Gottes verstanden worden, sondern dienten lediglich gleichsam als Krücke, also als Hilfsmittel, um sich Gott besser als leidenschaftlich interessierte und zugewandt agierende Person vorstellen zu können. Und es gibt nicht nur innerbiblische Relativierungen dieser Vorstellungen von Gott als Mann, Vater und eifersüchtigem Liebhaber in Form des ausführlichen Vergleichs mit einer liebenden Mutter (Hos 11,1–9; Jes 49,15; 66,13), sondern auch in der systematischen Theologie ausgedehnte Reflexionen über das Reden über Gott als Sprache der Analogie. Ihrzufolge sind die Unähnlichkeiten zwischen Schöpfer und Geschöpf stets größer als die Ähnlichkeiten, wie es das 4. Laterankonzil 1215 ausdrücklich formuliert hat.[1] Die

Verwendung geschlechtsspezifischer Prädikate ist somit auch für einen breiten Strom der systematischen Theologie nur gebrochen und im uneigentlichen Sinne möglich. Gottes Transzendenz betrifft auch die Zugehörigkeit zu einem der beiden Geschlechter, die für das Menschsein konstitutiv sind und deren beider Ursprung im schöpferischen Handeln Gottes geglaubt wird. Aber auch umgekehrt gilt: Sexualität ist nicht die Epiphanie des Göttlichen.

Die Art des Zusammenhangs zwischen dem Erleben von Sexualität und dem Glauben an Gott muss also eine grundsätzlich andere sein als die in der Religionsgeschichte, auch der zeitgenössischen der Bibel, so oft vorfindliche der Gleichsetzung. Sie näher zu bestimmen, ist Aufgabe dieses Kapitels. Dabei muss von vornherein mit der Möglichkeit gerechnet werden, dass dieser Zusammenhang nicht durch eine einzige und einheitliche Weise bestimmt werden kann, sondern sich nur durch die Markierung mehrerer Eckpunkte ausmachen und beschreiben lässt. Diese interne Mehrpoligkeit und Perspektivität der theologischen Rede über die Sexualität beginnen schon in den biblischen Texten selbst, die ja die historischen Entstehungsbedingungen und unterschiedlichen Verwendungszusammenhänge an sich tragen, was eine gewisse Heterogenität unvermeidlich macht. Diese wiederum hat der theologischen Reflexion während zweier Jahrtausende vielfältige Möglichkeiten der Interpretation und der Systematisierung, aber eben auch der Akzentuierung und Vereinseitigung geöffnet. Hier durch Festlegungen der kirchlichen Lehre mehr Kohärenz und Konsistenz zu schaffen, ist eine sinnvolle und vor allem pädagogisch wichtige Anstrengung. Es darf allerdings nicht darüber hinwegsehen lassen, dass jeder dieser Versuche seinerseits zeitbedingt und vorläufig bleibt.

4.1 Erotische Spannung, Bindung und Fortpflanzung als Erfahrung von Schöpfung

Das Menschsein als Mannsein oder Frausein, die erotische Anziehung zwischen den Geschlechtern, die sexuelle Vereinigung als intensivste Weise des einander „Erkennens" und „Ein-Fleisch-Werdens", die Möglichkeit, sich aneinander zu binden in Freundschaft und zur gegenseitigen Unterstützung sowie Elternschaft werden in vielen Texten des Alten und des Neuen Testaments in den Zusammenhang der Schöpfung durch Gott gebracht. Sie gelten als gestiftet von Anfang an und zur Verfasstheit der Wirklichkeit gehörig. Gottes Ebenbild ist der Mensch ausdrücklich als Mann und als Frau. Und für die Sexualität gilt inklusive, was vom gesamten Schöpfungswerk gesagt wird: „Gott sah alles an, was er gemacht hatte: Es war sehr gut" (Gen 1,31).

Diese Kontextuierung von erotischer Anziehung, Bindung und Fortpflanzung im Schöpfungsglauben wurde auch in der theologischen Lehrtradition festgehalten. Sowohl das Konzil von Trient[2] als auch das II. Vatikanum[3] gehen trotz einer sehr unterschiedlichen, sogar fast gegensätzlichen Blickrichtung übereinstimmend von diesem Bekenntnis zur Partizipation an der Schöpfungsrealität aus. Das gehört trotz aller Differenzen auch zum gemeinsamen Überzeugungsbestand der christlichen Konfessionen.

Die Theologie hat über Jahrhunderte und katholischerseits noch bis in die jüngste Zeit hinein dieses theologische Bekenntnis zur Schöpfungswürde der Sexualität mithilfe der Kategorie der „Natur" und Theorien vom sittlichen Naturgesetz (im heutigen Sprachgebrauch verkürzt oft einfach „Naturrecht" genannt) interpretiert.

Solchen Bemühungen, die ihren Ursprung in der griechischen Philosophie der vorchristlichen Jahrhunderte haben, im antiken Christentum aber mit dem Glauben an den Schöpfer als den obersten Gesetzgeber verknüpft wurden, liegt die Vorstellung zugrunde, dass es in der Wirklichkeit selber, also in der uns umgebenden Natur ebenso wie im Menschen als Teil derselben und auch in den Formen des Zusammenlebens eine verborgene ursprüngliche Gesetzmäßigkeit gibt. Heute würde man vielleicht eher von Strukturen sprechen wollen, die *gegeben* oder eingestiftet sind und nicht erst durch Menschen *gemacht* oder gesetzt wurden. Vielmehr finden sie sich in ihnen vor. Das entspricht ja auch dem Wortsinn von „Natur" (von lat. *nasci* = geboren werden) als dem, was man von Geburt an hat oder mitbringt, z. B. Leiblichkeit, Wachsenmüssen, Selbstbehauptungstrieb, Bedürftigkeit, Verletzbarkeit u. Ä. Insofern diese Strukturen „unbeliebig" sind, gelten sie als nicht verfügbar und als maßgebliche Instanzen für das menschliche Handeln. Dieses ist nur dann richtig und gut, wenn und soweit es diese Strukturen respektiert und seine Absichten, Realität zu verändern bzw. zu gestalten, auf den Bereich beschränkt, der durch diese Strukturen abgesteckt ist.

Für den Bereich der menschlichen Sexualität hat man die Natürlichkeit vor allem in folgenden Sachverhalten zur Geltung gebracht und festgelegt gesehen:

- Es gibt zwei Geschlechter und jeder Mensch gehört einem dieser beiden zu.
- Die Zweigeschlechtlichkeit an sich und die erotische Anziehung zwischen den Geschlechtern sind auf den Fortgang der Menschheit ausgerichtet.
- Der Sexualakt ist von seinem inneren Zweck her primär auf Zeugung ausgerichtet.
- Die Rollen von Mann und Frau in der Familie, in der Arbeitswelt und in der Öffentlichkeit sowie die gesamte Ordnung zwischen ihnen definieren sich von ihren biologischen Aufgaben her.

Diese Denk- und Argumentationsstruktur stößt aber seit wenigstens hundert Jahren in Wissenschaft und Rechtspolitik auf massive, zum Teil auch scharfe Kritik. Im Verlauf dieser Kritik lassen sich je nach Art der Einwände unterschiedliche Phasen beobachten. Die erste und für die Moraltheologie wohl nachhaltigste Kritik war die Entdeckung der geschichtlichen Bedingtheit der mit der Berufung auf die Natur begründeten Auffassungen und als natürlich bzw. un- oder gar widernatürlich qualifizierten Handlungen. Bereits seit den 1920er-Jahren meldeten sich immer wieder Stimmen zu Wort, die einerseits die starke Fixierung der kirchlichen Ehelehre und des kirchlichen Rechts auf den Zeugungszweck problematisierten, weil sie der Bedeutung der Sexualität für die personale Gemeinschaft der Gatten zu wenig gerecht werde.[4] Andererseits wurde in den Quellenwerken des Fachs nach theoretischen Figuren geforscht, die erlaubten, unbeschadet des Festhaltens an einem unwandelbaren Kern von einem legitimen „Wandel der naturgemäßen Verhaltensweisen des Menschen"[5] zu sprechen. Eine weitergehende Kritik der naturrechtlichen Argumentation, bezogen auf das Feld der Sexualmoral, die dann auch die erkenntnistheoretischen Voraussetzungen und die erfahrungswissenschaftlichen Annahmen hinterfragte und zugleich den kulturellen Gestaltungsauftrag als genuine Dimension der menschlichen Natur neu entdeckte, etablierte sich in der Auseinandersetzung über die 1968 erschienene Enzyklika *Humanae vitae* „Über die Weitergabe des Lebens".[6]

Eine zweite Phase der Kritik an der naturrechtlichen Argumentation in Bezug auf Ehe, Sexualität und Familie kann man durch Stichworte wie Frauenbewegung, Feminismus, Geschlechterforschung und Genderdiversity charakterisieren. Sie analysiert die herrschenden Geschlechterverhältnisse und kritisiert die Ordnungsvorstellungen hinsichtlich der Arbeitsteilung, der hierarchischen Verhältnisse, des Zugangs zu Machtressourcen als ungerecht. Ihr eigentliches Ziel ist ein gesellschaftspolitisches, nämlich die Veränderung der Gesellschaft im Sinne der Herstellung größerer Gerechtigkeit zwischen den Geschlechtern. Diese Kritik ist zwar keine originär theologische, doch sind ihre Sichtweisen eben auch schon früh in die Theologie eingedrungen und haben zur Ausbildung einer feministischen Ethik und einer Theorie der Geschlechtergerechtigkeit geführt, die in der Kritik der Rollenzuschreibung an Frauen in der traditionellen kirchlichen Lehre und in dem Ausschluss der Frauen von den Weiheämtern zentrale Gegenstände haben.

Seit einiger Zeit scheint eine weitere, dritte Phase der Kritik in Gang gekommen zu sein, die in der Literatur unter der Bezeichnung „gender mainstreaming" diskutiert wird. Der initiale Anstoß dazu ging von dem Buch „Gender Trouble" (in der deutschen Übersetzung: „Das Unbehagen der Geschlechter"[7]) der amerikanischen Philosophin Judith Butler aus und ist auf die diskursive Konstruktion des Geschlechts und der sexuellen Identität in Denkgewohnheiten, Deutungsmustern, in der Sprache und in den symbolischen Welten ausgerichtet. Vom Ansatz her handelt es sich um eine konstruktivistische Theorie, die jeder Rechtfertigung sozialer Rollen und Kategorisierungen durch Rekurs auf Natur, Biologie und Anatomie (also Spielarten des kritisierten Naturalismus) widersprechen möchte bzw. sie kritisiert, ohne indessen – wie bisweilen behauptet wird – die Realität der anatomischen Unterschiede in Abrede zu stellen. Es geht also bei dieser Stufe der Kritik nicht um eine neue Konstruktion der menschlichen Natur im Sinne einer Erfindung, sondern lediglich um eine kritische Neuinterpretation geschlechtlicher Identität, die bei der vorhandenen Körperlichkeit ansetzt.[8] Was üblicherweise als weibliches oder männliches Wesen gekennzeichnet werde, sei allerdings nicht Schicksal, sondern gesellschaftlich und kulturell konstruiert, also in der Konsequenz flexibel. Weil umgekehrt die sexuelle Differenz als „essenzialistisch" kritisiert wird, wird dem „gender mainstreaming" in manchen jüngeren kirchlichen Stellungnahmen vorgeworfen, die natürliche Ordnung von Ehe und Familie infrage zu stellen.[9] Polemisch wird die These von der gesellschaftlichen Konstruiertheit des Geschlechts sowie die Forderung nach Dekonstruktion der binaren Kategorisierung als „Gender-Ideologie" klassifiziert.

Man wird wegen dieser kritischen Debatten die Vorstellung von einer menschlichen Natur und die Theorie vom Naturrecht nicht schon als völlig gegenstandslos und unbrauchbar verwerfen wollen. Immerhin könnte es sein, dass sie sich in anderem Zusammenhang als durchaus plausibel und unverzichtbar erweisen, wenn es etwa um kollektiv gemachte Unrechtserfahrungen und um kulturell verinnerlichte Standards der Humanität geht (etwa bei der Grundlegung der Menschenrechte oder bei der Ausarbeitung weltweit geltender völkerrechtlicher Prinzipien). Aber man wird auch kirchlicherseits einräumen müssen, dass in der Tradition der Vorstellung von naturalen Unbeliebigkeiten gerade in der Sexualmoral viel zu viel an ganz konkreter Normierung abverlangt wurde und dass dabei „Natur" und „natürlich" vielfach einfach mit biologischen Sachverhalten gleichgesetzt wurden; und auch, dass die Vielfalt und die Interpretationsspielräume in der Geschichte und in den verschiedenen Kulturen doch erheblich größer sind, als früher vorausgesetzt bzw. vermutet wurde.

4.2 Die wechselseitige Abbildlichkeit von Treue und Zugewandtheit Gottes

Der moralische Kern der Ehe als auf Zukunft ausgreifender Lebensform ist das wechselseitige Versprechen, einander treu zu sein. „Treue" bezeichnet die Haltung, die Beziehung zum Partner im

Fluss der voranschreitenden Zeit gegen alle Veränderungen der Umstände, der sozialen Kontexte, der Gesundheit und der Erosion von Jugendlichkeit und Vitalität durchhalten zu wollen. Sie ist also etwas viel Umfassenderes als das, was gemeinhin darunter verstanden wird, nämlich die Beschränkung der sexuellen Intimität auf den eigenen Partner unter Ausschluss aller anderen Personen.

So verstandene und durchgehaltene Treue, gleich ob in Brautschaft, Ehe, Liebe oder *Eros*, gilt schon im Alten Testament als eine Lebensrealität, die sich in besonderer Weise als Analogie für die Stärke und Innigkeit, aber auch die Unbedingtheit und Exklusivität der Zugewandtheit Gottes zu den Menschen eignet (Hos 2; Jer 2f.; Jes 54,62 u. a.). Aber auch umgekehrt kann die Verbundenheit und Liebe in der menschlichen Partnerschaft zum Sinnbild und Nachbild des Verhältnisses Gottes bzw. Christi zu seiner Gemeinde werden, wie das in Eph 5,22f. expliziert ist.

Die Theologie hat diesen zweiten Gedanken seit dem Hochmittelalter in der Weise zum Ausdruck gebracht, dass sie die Ehe als Sakrament interpretiert und klassifiziert hat. In den Dokumenten des 2. Konzils von Lyon (1274) wird die Ehe zum ersten Mal in einem lehramtlichen Text den übrigen sechs Sakramenten beigezählt.[10] Sakramentalität will besagen, dass die Ehe eine wichtige und sozial eingebettete Lebenswirklichkeit ist, in der Gottes Heilswillen, zeichenhaft vermittelt, wirksam ist. Bekanntlich hatten die Reformatoren den sakramentalen Charakter der Ehe bestritten. Sie sei ein „weltlich Ding", wie Luther in einer berühmten Formulierung gesagt hat, die aber nicht so gemeint war, als sei die Ehe lediglich eine weltliche Angelegenheit, sondern zum Ausdruck bringen wollte, dass sie keine genuin oder exklusiv kirchliche Angelegenheit sei. Was ihr zu einem Sakrament fehle, sei die biblische Einsetzung und die Verknüpfung mit einer besonderen Verheißung. Für die biblische Rechtfertigung der Sakramentalität bezog sich das Konzil von Trient 1563 auf Eph 5,25 und 32, formulierte allerdings vorsichtig, wenn es lediglich sagte, Paulus „deute an dieser Stelle die Sakramentalität der Ehe an".[11]

Sakramentalität der Ehe meint also sowohl anthropologisch wie auch theologisch eine dichte interpersonale Interaktion, der Gott heilend zu Hilfe kommt. Dennoch kam es im Verlauf der weiteren Kirchengeschichte zu Entwicklungen, die diesen Sachverhalt zumindest verschattet haben. Eine dieser fragwürdigen Entwicklungen besteht dann darin, dass die Sakramentalität sehr stark mithilfe von Kategorien des Vertragsrechts interpretiert wurde: Die Gestaltung der sexuellen Beziehungen in der Ehe wurde nach dem Schema eines Rechtsverhältnisses zwischen Gläubiger und Schuldner begriffen, sodass der Geschlechtsverkehr als Rechtspflicht beschrieben wurde, die ein Gatte dem anderen zu leisten habe, wenn der es verlangt. Kirchenrecht wie Moraltheologie sprachen vom *ius in corpus*, das sich die Gatten bei der Eheschließung gegenseitig übereigneten und das sie als Zentralgehalt der ehelichen Lebensgemeinschaft vom Partner einfordern dürften, sofern nicht moralische Verbote dem entgegenstünden. Die konkreten Möglichkeiten der einzelnen Partner kommen zumindest in der Theorie nicht vor, ebenso wenig wie die Beziehungsqualität.

Eine andere problematische Entwicklung war die Fokussierung des Sakramentenverständnisses von Ehe auf den Zeitpunkt des Eheabschlusses, also auf die Hochzeit. Eine solche Punktualisierung wird aber der gelebten Beziehung in ihrer zeitlichen Ausgedehntheit und in dem, was in ihrer zeitlichen Erstreckung passiert, also etwa Schwangerschaft, Erziehung, Entwicklung und Begleitung bei den Kindern, das Bestehen von Krankheiten, berufliche Unsicherheiten, Karriere und Umorientierungen, Erschöpfung, Pflegeverpflichtungen gegenüber alt werdenden Eltern, soziales Engagement usw. in keiner Weise gerecht. Aber solches, zeitlich gedehntes Ehe-Leben ist ja gerade der Raum, in dem Treue gelingt oder scheitert.

4.3 Ort und Mittel von Schuld und Versagen

Sexualität schafft nicht automatisch Beglückung und Hochgefühl, sondern kann auch ein Ort und ein Mittel sein, um Macht, Überlegenheit, Besitzenwollen, Ausbeutung von Abhängigen, Herabsetzung, Demütigung, Gewalt und Verletzung zu bewirken. Diese Beobachtung und zu jeder Zeit schmerzlich gemachte Erfahrung hat auch in den biblischen Erzählungen und in der darauf aufbauenden christlichen Theologie einen festen Platz: Sexualität in ihren diversen Aktionsformen partizipiert wie alles menschliche Handeln auch an der Möglichkeit von Schuld und Versagen.

Die beim Menschen ständig vorhandene sexuelle Erregbarkeit und die damit verbundenen starken Gefühle haben diese Gefährdungen in der Sicht der theologischen Tradition sogar besonders groß erscheinen lassen. Das ist einerseits ein Stück Realismus, andererseits natürlich eine Gefahr zu übertreiben. Als besonders folgenreich und problematisch erwies sich die Deutung, dieses ständig vorhandene Verlangen und die Lust, die das sexuelle Tun unweigerlich begleiten, nicht als Ausdruck göttlichen Wohlwollens, sondern im Gegenteil als Folgen der göttlichen Bestrafung für den Frevel und die Sünde im Anfang zu verstehen. Die Spannung zwischen dem sexuellen Begehren und der Ausrichtung auf höhere Werte sei von einer Generation an die nächste weitergegeben worden, und zwar exakt durch die Art und Weise, wie Fortpflanzung zustande kommt, sodass diese als der eigentliche „Transportweg" der sogenannten Erbsünde erscheint. Das Erleben der Lust als Ausgeliefertsein, als Übermächtigtwerden und Sich-nicht-mehr-kontrollieren-Können im Geschlechtsakt wird als Folge des Ungehorsams im Paradies gedeutet und verbleibt im Erbe, das der Mensch übernimmt und weitergibt, als Begehrlichkeit und Scham angesichts des eigenen Überwältigtwerden-Könnens. Die Aktivierung des sexuellen Verlangens gilt nur dann als berechtigt und in Kauf nehmbar, wenn sie als Nebenfolge der Absicht, ein Kind zu zeugen, oder auch (im Rekurs auf 1 Kor 7) um der Vermeidung von Unzucht des Partners willen angestrebt und vollzogen wird. Diese Deutung wurde von Augustinus in den Schriften gegen die Pelagianer entwickelt[12] und gelangte durch seine große Autorität und verschiedene Renaissancen seiner Theologie (etwa in der Reformationszeit und im gegenreformatorischen Jansenismus) zu nachhaltigem Einfluss. Vielfach kritisiert, wird sie seit dem II. Vatikanum auch kirchenamtlich nicht mehr vertreten und hat positiveren Sichtweisen Platz gemacht. Gleichwohl hat sie viel dazu beigetragen, dass auf große Strecken der Kirchengeschichte die Sexualität als etwas Bedrohliches,

Irritierendes und in jedem Fall Animalisches gesehen wurde, das unentwegt diszipliniert und zurückgedrängt werden müsse, damit das Höhere im Menschen, nämlich seine Vernunft und deren Herrschaft, nicht das Nachsehen haben und unter die Botmäßigkeit des Lustverlangens geraten.

Von der Verdächtigung des sexuellen Begehrens und Erlebens ist es geistesgeschichtlich nur ein kurzer Weg zur abschätzigen Sicht der Frau und des Weiblichen überhaupt. Die Frau gilt entsprechend der Rolle der Urmutter Eva in der Paradieserzählung als Inbegriff der Verführerin und Verleiterin des Mannes zur Sünde.[13]

4.4 Ehelosigkeit und Enthaltsamkeit als Zeichen

Trotz der Wertschätzung von Ehe, Fortpflanzung und familiärem Zusammenleben als einer Ordnung der Schöpfung wird in den Äußerungen zur Ehe, die sich in der Verkündigung Jesu und den Briefen des Paulus finden, die jüdische Überzeugung von einer Pflicht zu Ehe und Fortpflanzung durchbrochen. Das freiwillig gewählte Alleinleben wird empfohlen und als Ausdruck von zwei genuin religiösen Motivationen vorgestellt, die miteinander verschmolzen werden. Die eine Motivation ist der Hinweis auf das Nahekommen der Gottesherrschaft, gelebt und adressiert an alle mitten im Geflecht der um die Gegenwart und den nächsten Augenblick kreisenden Aufmerksamkeiten, Belange und Prioritäten. Die andere Motivation ist das Aufsprengen der bestehenden Bindungen, Verpflichtungen und Begrenzungen hin zu mehr Freiheit. Geschlechtliche Verbindungen, Ehe und Familie gelten für die sich herausbildende christliche Glaubensgemeinschaft aber als die konkreten und stärksten Bindungen, in die die Menschen verwoben sind, und die ihnen großes, tendenziell unbeschränktes und manchmal sogar totales Engagement abverlangen. Das bewusst und frei gewählte Alleinleben erscheint hier als eine Alternative, die die spezifische Möglichkeit des „Daseins für andere" beinhaltet oder wenigstens offen hält.

Mit der Empfehlung und Etablierung dieser Alternative büßte die Familie für das frühe Christentum ihren Platz als erste und normale Lebensform ein und erhielt eine neue, stark religiös aufgeladene Lebensform konkurrierend an ihre Seite, eben das jungfräuliche bzw. zölibatäre Leben. Im Laufe der Theologie- und Kirchengeschichte fand diese alternative Lebensform starkes Interesse sowohl in der Reflexion wie auch in der praktischen Umsetzung. Sie wurde in vielfältigen Ausprägungen institutionalisiert und in einem längeren Prozess als rechtliche Voraussetzung für die Übernahme kirchlicher Ämter durchgesetzt.[14] Spirituell wurde sie zum überlegenen Weg der Vollkommenheit idealisiert.[15] An dieser Bewertung als überlegener Lebensform im Vergleich zur Ehe wurde noch bis in die jüngste Zeit offiziell festgehalten. So wird noch im Apostolischen Schreiben *Familiaris consortio*, das die Beratungen der vorhergehenden Bischofssynode über Situation und Probleme von Ehe und Familie im Jahr 1980 zusammenfassen wollte, 1981 feierlich erklärt:

> „Indem sie das Herz des Menschen auf besondere Art frei macht und ‚es so zu größerer Liebe zu Gott und allen Menschen entzündet', bezeugt die Jungfräulichkeit, dass das Reich Gottes und seine Gerechtigkeit die kostbare Perle ist, welche verdient, jedem anderen, selbst hohem Wert vorgezogen, ja als einziger und endgültiger Wert gesucht zu werden. Deshalb hat die Kirche im Laufe ihrer Geschichte immer die Erhabenheit dieses Charismas über das der Ehe verteidigt, eben aufgrund seiner ganz einzigartigen Verbindung mit dem Reich Gottes."[16]

Noch fragwürdiger ist allerdings die in der Kirchengeschichte mal deutlicher, mal eher latent erfolgte Aufladung von Zölibat und Jungfräulichkeit mit Motiven, die den Sinn des Verzichts auf Ehe, Sexualität und Familie in der Distanzierung, Verachtung oder auch Verleugnung des Welthaften, Leiblichen und Bedürftigen sehen wollten. Einflüsse, die solches transportierten, kamen oft aus asketischen Strömungen der Kulturen, in die das Christentum eingetreten ist und denen gegenüber sich das Christentum behaupten musste. Aber auch in vielen Reflexionen großer Theologen, von Hieronymus, Ambrosius, Augustinus und Johannes Chrysostomos angefangen bis zu Thomas von Aquin, erscheint die Jungfräulichkeit nicht nur als hochwertigere, sondern auch als die lebenspraktisch bessere Alternative zum Leben in Ehe und Familie.

4.5 Die Zusammengehörigkeit von *Eros*- und *Agape*-Liebe

Liebe ist das „Zentrum christlichen Glaubens" und „das entscheidende, vom Glauben geforderte Verhalten"[17]. Nach dem Zeugnis des Neuen Testaments ist sie das „wichtigste und erste Gebot" (Mt 22,36–38), das Doppelgebot, an dem „das ganze Gesetz samt den Propheten hängt" (Mt 22,40), das Merkmal, an dem man das Jüngersein erkennen kann (Joh 13,35), die Schlussfolgerung aus dem Wissen um Gottes Handeln in Jesus Christus (1 Joh 4,11), die Erfüllung des Gesetzes (Röm 13,8–10) und das, was niemals aufhört, sondern von Bestand ist (1 Kor 13,8–13).

Die Theologie hat sich von diesem Impuls bewegen lassen und ihn systematisch in unterschiedlicher Weise ausgestaltet. Thomas von Aquin etwa hat die Caritas zur *forma virtutum* erklärt, also zu dem, was jede andere sittliche Tugend allererst zu einer solchen macht.

Mit dieser Zentralstellung war allerdings noch nicht geklärt, was Liebe in der Sprache des Glaubens eigentlich meint: Meint sie das Handeln zum Wohl ausschließlich anderer, also „reine" Liebe, wie man das in der Geschichte des theologischen und philosophischen Denkens genannt hat, oder können auch selbstbezogene Motive wie das Suchen nach einem Partner für das gemeinsame „eigene" Glück eingeschlossen sein?[18]

Die Antwort auf dieses Problem war für die Theologie nie einfach und glatt. Das mag auch schon mit dem auffälligen Befund der biblischen Sprache zusammenhängen, dass jenes Wort, das im klassischen wie auch im damaligen Griechisch am häufigsten für Liebe steht (nämlich *eros*), darin gänzlich vermieden und statt seiner der im Profangriechischen ganz seltene Begriff der *agape* verwendet wird. In der systematischen Theologie gab es zahlreiche und kontroverse Versuche, Typen von Liebe zu beschreiben und ihre Verschiedenheit und Einheit zu bestimmen. Eine der bekanntesten ist die Gegenüberstellung von *Eros*-Liebe und *Agape*-Liebe, wie sie seit Beginn des 20. Jahrhunderts von Max Scheler, Anders Nygren und anderen entwickelt wurde und als eine Bewegung einerseits des Aufsteigens, Begehrens und Suchens und andererseits des Absteigens, Verschenkens und Weiterschenkens phänomenologisch charakterisiert wurde.[19] Im Ergebnis wurde auf diese Weise die Möglichkeit eröffnet und plausibilisiert, dass die weltliche Liebe und die im Glauben gründende und von diesem geformte Liebe nicht mehr unverbunden nebeneinander stehen bleiben müssen, sondern „die uns von der Bibel und der Überlieferung der Kirche verkündete Botschaft der Liebe mit der allgemein menschlichen Liebeserfahrung etwas zu tun"[20] haben kann, wie Benedikt XVI. in seiner Enzyklika *Deus caritas est* aus dem Jahr 2005 formuliert hat. Bereits Jahrzehnte früher hat das II. Vatikanum diese Lösung der Sache nach vorausgenommen, als es mit Blick auf die Förderung der Würde von Ehe und Familie in der Pastoralkonstitution *Gaudium et spes* die alte Lehre von der Rechtfertigungsbedürftigkeit der Lust stillschweigend fallen ließ, geradezu emphatisch die eheliche Liebe ausdrücklich als aus der göttlichen Liebe hervorgehend bezeichnet hat,[21] den Vollzug der Ehe als besonderen Ausdruck und als Verwirklichung der Liebe qualifizierte[22] und eigens von der „sittlichen Würde jener Akte, durch die die Gatten ... eins werden"[23], sprach.

4.6 Die Tradition in der Sexualethik – Last oder Aufgabe?

Der Blick auf die Entwicklung der vorgestellten Eckpunkte einer Theologie der Sexualität – Schöpfung, Treue, Sünde, Wertschätzung der Ehelosigkeit, Einheit der verschiedenen Formen von Liebe – in der Kirchen- und Theologiegeschichte macht deutlich, dass diese Eckpunkte in jeder Epoche wieder von Neuem herausgearbeitet und verständlich gemacht, aber auch gegen gängige Weltsichten und religiöse Strömungen oder Moden verteidigt werden mussten. Im langen Prozess der Entstehung und Herausbildung der christlichen Denk- und Lehrtradition zum Themenkreis Sexualität, Ehe und Lebensformen haben Entwicklungen und Weichenstellungen stattgefunden, die heute aufgrund ihrer anthropologischen Implikationen, ihrer weltbildhaften Voraussetzungen und auch ihrer Folgen für die Existenz und Beziehungsgestaltung vieler Gläubiger oder ganzer Generationen von gläubigen Menschen als hoch problematisch erkannt sind.

In der Antike waren es vor allem asketische Lebensideale, Mythen und Techniken einer besonderen Erkenntnis und der intellektuelle Neuplatonismus, die die biblische Sicht von Geschlechtlichkeit, Ehe und Fortpflanzung bedrängt haben. Von kaum zu überschätzendem Einfluss war die in vielen angesehenen Schriften angelegte Position stoischer Philosophen, dass die Gefühle und Leidenschaften durch Willen und Vernunft kontrolliert werden könnten und um des inneren Friedens willen auch müssten. Unreguliertes Begehren führe zu Exzessen und zur Niederlage des Besten im Menschen. Als eines der Mittel zur Selbstdisziplinierung wurde die Ausrichtung des Geschlechtsverkehrs auf die Zeugung von Nachkommen empfohlen.

Im Frühen Mittelalter stellte sich einerseits die Frage nach der Geltung bzw. Wieder-in-Geltung-Setzung der alttestamentlichen Reinheitsvorschriften vor allem im germanischen Einflussbereich und andererseits auch die Frage nach der Fassbarkeit von moralischen Standards für Predigt, Katechese und Pastoral in normativen Sätzen. Im Hochmittelalter galt gerade die aufs Äußerliche beschränkte Sicht der guten wie der schlechten Handlungen als ungenügend und wurde erweitert durch die gedankliche und willentlich-motivationale Dimension.

Nach Humanismus und Reformation kam es zu einem Wiedererstarken der augustinischen Sexualethik. Spätscholastik und Neuscholastik haben einem objektivistischen, kasuistisch bis in die konkretesten Einzelheiten ausgearbeiteten und institutionell effizienten Typus der Moral„verwaltung" den Weg bereitet.

Die meisten dieser Entwicklungen sind durchaus verständlich angesichts zeitgenössischer Konstellationen. Und es ist auch offensichtlich, dass viele der heute als fragwürdig empfundenen oder beurteilten Phänomene und Eigenheiten der sexualethischen Tradition der Kirche nicht erst vom theologischen Denken erfunden wurden, sondern im Gegenteil bereits vorgefunden wurden. Bei den dann notwendig gewordenen bzw. erzwungenen Auseinandersetzungen zwischen dem jeweiligen zeitgenössischen theologischen Denken und einzelnen dieser vorgefundenen Strömungen ist verständlicherweise auch manches adaptiert und transportiert worden, was dem ursprünglichen biblisch-christlichen Denken einigermaßen fremd ist und vielleicht erst in einer zeitlich späteren Prüfung der inneren Konsistenz des Glaubens als widersprüchlich auffällt (ein entsprechendes Konsistenzkriterium ist etwa die Heilige Schrift in ihrer Ganzheit).

Dieses herauszufinden, abzuklären und unterscheidbar zu machen, macht die Arbeit des Theologen für die Glaubwürdigkeit des Glaubens und der Kirche als institutionellem Akteur der Glaubensverkündigung unentbehrlich.

Es genügt deshalb nicht, in der langen oder in der dominierenden Tradition der kirchlichen Lehre einen einzelnen normativen Satz oder eine Äußerung zu einer sexualethischen Angelegenheit ausfindig zu machen, um einen bestimmten, meist ja selbst für richtig behaupteten Standpunkt als richtig und wahr zu rechtfertigen. Auch wenn Tradition als Lebensprinzip des Christentums als einer geschichtlichen Offenbarungsreligion zu gelten hat,[24] bedeutet dies weder, dass die Verkündigung des Glaubens auf das im Wortlaut der Tradition Enthaltene begrenzt sei und sich nicht auf neue Fragen einlassen dürfe, noch, dass alles, was in der Tradition zu finden ist, automatisch und unbesehen als verbindlich zu gelten habe.

Denn zum einen gibt es neben der gewussten und verfügbaren Tradition auch die vergessene und die ausgeblendete Tradition. Dazu gehören etwa die subversiven Aufbrüche und Texte, die es in der Geschichte der christlichen Sexualethik auch gibt, vom Hohelied der Liebe des Alten Testaments angefangen über die ausdrückliche Verurteilung des Verbots zu heiraten, weil Heiraten und Kinder-Bekommen vom Teufel seien, als einer Irrlehre im Neuen Testament (1 Tim 4,2–5), und die Liebes-Theorien in der französischen Theologie des Hochmittelalters (Petrus Abaelardus) bis hin zur Mystik. Und da gibt es noch jenen Teil der Tradition, über den wir nichts oder fast nichts wissen, der aber theologisch durchaus relevant für den *sensus fidelium* sein würde, nämlich das Bemühen, den Glauben und die Praxen der „normalen" Gläubigen, die die Überlegungen, Traktate und Einschätzungen der großen Theologen an den Universitäten und Klöstern wahrscheinlich gar nicht kannten, und die Einschätzungen, Empfindungen und Urteile vor allem der Frauen, die über diese für sie so wichtige Angelegenheit gar nie befragt wurden.

Zum anderen gibt es neben der legitimen Tradition auch die entstellende, auf die der Konzilstheologe Joseph Ratzinger in seinem Kommentar zur dogmatischen Konstitution über die göttliche Offenbarung *Dei verbum* hingewiesen hat.[25] Die Schlussfolgerung, die er daraus gezogen hat, lautet nicht weniger, als dass die Tradition und das Argumentieren mit Tradition „nicht nur affirmativ, sondern auch kritisch betrachtet werden"[26] müssten. Das hohe Maß an Selbstreferenzialität, das gerade in den offiziellen kirchlichen Texten zur Sexualethik aus den letzten 50 Jahren zu finden ist, also das Verweisen, Sichbeziehen und Sichstützen auf frühere amtliche kirchliche Texte, mag zwar das Bemühen um Einhaltung der Kontinuität unter Beweis stellen, eignet sich aber gerade nicht dazu, solchen Spuren entstellender Tradition auf die Spur zu kommen.

„Die" Tradition kann also nicht die in sich genügende Quelle christlicher Sexualethik sein. Und die Aufgabe der Theologie kann nicht einfach die Legitimation der von der Kirche einmal formulierten normativen Standards aus der Tradition sein. Vielmehr gehört zu ihren genuinen Aufgaben, auch im Blick auf Kirche, Traditionen zu erfassen, aufzuspüren, zu interpretieren, zu „reinigen" und ggf. auch auf Korrekturen von Anschauungen zu drängen. Von Nietzsche gibt es den viel zitierten Aphorismus „Das Christentum gab dem Eros Gift zu trinken: – er starb zwar nicht daran, aber entartete, zum Laster."[27]

Dieses Resümee Nietzsches über die christentumsgeschichtliche Sexualitätsanschauung ist selbstverständlich primär ein Vorwurf, aber es ist zugleich, sicher in zweiter Linie, auch ein Kompliment. Die Aufgabe einer kritischen Theologie könnte darin gesehen werden, den Prozess der Entgiftung zu betreiben.[28]

Kapitel 5:
Korrekturen und Neuakzentuierungen

Es ist nicht nur das theologische Erbe der näheren und der ferneren Vergangenheit, das als Hinterlassenschaft einer zwei Jahrtausende umfassenden Glaubens-, Moral- und Kulturgeschichte zu immer neuen Auseinandersetzungen einlädt oder nötigt. Es sind vielmehr auch die großen Visionen und kleinen Hoffnungen, die die eigenen Vorfahren und die Mütter und Väter in der diachronen Glaubensgemeinschaft bewegt und herausgefordert haben. Und es sind schließlich auch die neu wahrgenommenen Fragen, mit denen wir uns heute im Zusammenhang mit einer merklich veränderten Situation konfrontiert sehen, die nach Vorbildern, Gegenbildern oder Orientierungsmodellen im Reichtum der gelebten Geschichte Ausschau halten lassen.

Wenn man diese Veränderungen gegenüber früher stichwortartig charakterisieren wollte, so läge man nicht verkehrt, wenn man größere Freiheit, mehr wirtschaftliche Unabhängigkeit der Partner, ein von Gleichheit bestimmtes Leitbild der Frau, ein Anstieg der Glückserwartungen an das Zusammenleben und einen Rückgang des sozialen Drucks auf die einzelnen Partner, die miteinander leben, nennen würde. Diese Veränderungen bringen allerdings die Sehnsucht nach gelingender Partnerschaft, also besonders nach Vorbehaltlosigkeit und Dauer, weder zum Erlöschen noch zum Schweigen; sie verändern aber wohl die Bedingungen erheblich, unter denen solches versucht, stabilisiert, gelebt und gestaltet werden muss.

In diesem Kapitel sollen einige Sachverhalte genannt werden, bei denen es evident ist, dass sie heute anders gesehen und konzeptionell berücksichtigt werden müssen, als es in der Vergangenheit selbstverständlich oder wenigstens plausibel erschien.

5.1 Einheit im Leib

Das Zueinander und Miteinander von Menschen, die sich lieben, ist in allen Formen und Graden der Nähe (Blickkontakte, Kommunikation mit Worten, Austausch von Gesten, körperliche Berührungen und Umarmung) eingebunden in die Leiblichkeit. In der Begegnung mit dem anderen erfährt jemand sich selbst als einer, der sich spürt und der den anderen nicht nur wahrnimmt, sondern auf ihn trifft als eine Person, die ebenfalls leiblich verfasst ist. Leiblichkeit ist das Kennzeichen menschlicher Existenz.

Diese Leiblichkeitserfahrung ist in sich spannungsvoll. Denn einerseits stößt man in ihr auf Grenzen und Belastungen (Müdigkeit, Krankheit, Altern, Schmerz), andererseits kann sie als vitaler Ort und Instrument von Emotionen, Erinnerungen und Wünschen gespürt werden.

Trotz dieser spannungsvollen Unterschiedlichkeit ist die Leiblichkeit aber nicht bloß das Material, das der Geist nach seiner Einsicht formen würde; noch ist der körperliche Organismus das, was die Befindlichkeit und das Verhalten unausweichlich vorbestimmen würde. Vielmehr gehört beides untrennbar zusammen: Mittels ihrer leiblichen Stofflichkeit existieren die Menschen in Raum und Zeit, von der Geburt bis zum Tod, sind sie stark oder schwach, vital oder gebrechlich, anfällig für Krankheit und Unfälle, verwundbar durch physische Gewalt, soziale Zurücksetzung und Ausbeutung, können sie sich anderen mitteilen, gesehen und gehört werden. In umgekehrter Richtung gilt, dass der Geist ohne Materialität nichts wäre; Geist in der Welt braucht Materialität als Mittel und Instrument, muss sich verkörpern, um real zu sein und Menschsein zu durchwirken. Beide Aspekte, Geist (inklusive Freiheit und Ichhaftigkeit) und körperliche Materialität, bestimmen jeweils die leibliche Existenz des Menschen, und zwar ganz; aber die erschöpft sich weder in dem einen noch in dem anderen. Das eine ist nicht auf das andere rückführbar.

Diese Einheit des Verschiedenen ist gemeint, wenn gesagt wird, der Mensch sei Einheit im Leib oder leibhafte Ganzheit. Der Mensch ist Leib und hat nicht nur einen solchen. Es handelt sich um ein verschränktes Ineinander und eine Gleichzeitigkeit, keine bloß additive und deshalb auch trennbare Zusammenfügung, sondern um eine gegenseitige Teilhabe, die jedem seine Besonderheit belässt und miteinander Geist im Leib ist.

Es gibt verschiedene Spielarten, wie diese Einheit von Geist und körperlicher Materialität verfehlt werden kann. Die Spielart, die in der Geschichte des Christentums die naheliegendste und gefährlichste war, ist der Dualismus. Er begriff den Menschen als aus zwei unterschiedlichen Substanzen zusammengesetzt. Für die Einschätzung und Bewertung der Sexualität folgenreich war die Sicht des menschlichen Lebens als Kampfplatz des Geistes mit der Materie, des Höheren mit dem Niederen, des Geistseelischen mit dem Animalischen. Sicherlich haben die großen Theologen und der Hauptstrom der kirchlichen Tradition den radikalsten Ausprägungen dieser Sicht die Stirn geboten, etwa wenn Thomas von Aquin unter Rückgriff auf aristotelische Kategorien energisch der Ansicht widerspricht, Seele und Körper seien zwei Entitäten, und sie stattdessen als Form und als Materie des einen Menschen interpretiert, in dem die Seele den Körper erst zu einem menschlichen Wesen macht und der Körper ihn ein bestimmtes Individuum sein lässt. Allerdings gibt es auch abgeschwächte und sublime Formen des Dualismus, die über Frömmigkeit, Katechese, Pädagogik, Ästhetik weitergewirkt haben, in Ausläufern sogar bis heute.

Es muss das Bestreben jeder historisch und philosophisch aufgeklärten Sexualethik sein, diese Gegensätze und Spaltungen zwischen Körper und Geist bzw. Körper und Seele zu vermeiden, weil sie das Individuum selbst tendenziell in mehrere Teile oder Sphären aufspalten und damit sowohl die Arbeit an der Identität erschweren und belasten als auch die intensivste Form leibhafter Kommunikation in der Intimität als Außer-sich-Geraten oder tiefe Entfremdung statt als Möglichkeit der Selbsttranszendierung erleben und (ab-)werten lassen.

Die Klarheit über die Einheit im Leib ist nicht zuletzt auch deshalb von so großer Bedeutung, weil zum Kern des christlichen

Glaubens die Zuversicht gehört, dass die Leiblichkeit so wichtig ist, dass Gott selbst in Jesus Christus „Fleisch geworden ist". Das will ja gerade bedeuten, dass Christus nicht nur einen Scheinleib gehabt hat, sondern wirklich Mensch geworden und aus einer Frau geboren ist und allen anderen Menschen die Möglichkeit eröffnet hat, die Leiblichkeit als Bestimmung des Menschen mit in eine neue Existenzweise einzubringen, die nicht mehr vom Tod bedroht ist.

5.2 Gleichheit der Verschiedenen

Leiblichkeit als bestimmendes Merkmal menschlicher Existenz tritt konkret in Gestalt der Zugehörigkeit jedes Individuums zu einem der beiden Geschlechter auf den Plan. Zumindest das biologische Geschlecht ist nicht gewählt, sondern ein einem zugefallenes Los der Natur. Es erlaubt allerdings vielfältige kulturelle und soziale Interpretationen und deren Kritik. Infolgedessen ist heute das vom biologischen Geschlecht (sex) unterschiedene soziale Geschlecht (gender) die Bezeichnung für eine ganze Reihe von Bedeutungsdimensionen geworden, die mit den unterschiedlichen Erfahrungen von Leiblichkeit verknüpft sind.

Eine inhaltliche Gemeinsamkeit der Gendertheorien dürfte vor allem darin bestehen, dass sie alle in der einen oder anderen Weise versuchen, die latenten und manifesten Benachteiligungen, die mit den Wahrnehmungen, Deutungen und Funktionen gerade des weiblichen Körpers zusammenhängen, ausfindig zu machen und zu kritisieren.

Das Gesamtbild, in dem Margaret A. Farley in ihrem Buch „Just Love" die feministischen historischen Forschungen zusammenfasst, dürfte sich schwerlich widerlegen lassen:

> „So wurde [...] in der gesamten westlichen Geschichte das Männliche höher bewertet als das Weibliche. Männer wurden als geeignetei füi Führungsrollen angesehen; Männer wurden mit Geist identifiziert und Frauen mit dem Körper; Frauen wurden für intellektuell unterlegen gehalten und für passiv, Männer dagegen für aktiv [...]. Darüber hinaus erkannten Frauen einen tief greifenden Unterschied zwi-

schen ihrer Selbstwahrnehmung und der Art und Weise, wie ihre Gender-Identität gedeutet wurde. Als Reaktion auf offensichtlich falsche Interpretationen von weiblicher Identität und Rollenbefähigung zogen daher viele Frauen den Schluss, dass Gender tatsächlich ein konstruiertes Konzept sei, und stellten die Frage, wie den Ungerechtigkeiten beizukommen ist, die durch falsche Anschauungen erzeugt werden."[1]

Geschichtlich und kulturell sind Art und Zahl der Zuschreibungen an die Angehörigen der beiden Geschlechter unerschöpflich. So gut wie immer ist das Verhältnis zueinander – gleich ob näherhin als Gegensatz oder als komplementäre Eigenschaften – asymmetrisch konzipiert. Aber die Differenz und das Zusammenspiel sind meistens als Rangordnung der Geschlechter interpretiert und theologisch überlegitimiert worden – und das stets in der Weise, dass dem Mann der erste Platz, der Frau nur der zweite zugeteilt wurde.[2] Erst im Laufe der Zeit setzt sich dann doch eine Erkenntnis durch, die für die Ethik von prinzipieller Bedeutung ist, nämlich die grundsätzliche Gleichwertigkeit von Frau und Mann. Auch in der christlichen Theologiegeschichte ist diese Erkenntnis aber nicht auf einen Schlag aufgekommen, sondern wirkt eher als ein Ferment, das die vorgefundenen Denk- und Verhaltensmuster und Rechtfertigungen problematisiert und irgendwann dann auch von innen heraus transformiert. Von der eigentlich völlig unmissverständlichen Grundsatzerklärung des Paulus in Gal 3,28, dass in Jesus Christus der religiöse Unterschied zwischen Mann und Frau genauso überwunden ist wie der zwischen Juden und Griechen und der zwischen Sklaven und Freien, bis zum Katechismussatz, dass „beide, der Mann und die Frau, [...] in gleicher Würde ‚nach Gottes Bild'"[3] geschaffen sind, ist es eine lange und verschlungene und möglicherweise auch noch nicht ganz zu Ende gegangene Strecke. Ebenso wie von der in der antiken Umwelt ganz ungewöhnlichen Aufforderung des Epheserbriefs an den Mann, seine Frau zu lieben wie den eigenen Leib (Eph 5,25 und 28),[4] bis zu der Feststellung, die korrespondierende Aufforderung an die Frauen, sich dem Ehemann unterzuordnen, sei „in neuer Weise" nicht einseitig, sondern gegenseitig zu verstehen und zu verwirklichen.[5]

5.3 Offenheit für vielfältige Sinngehalte der Sexualität

Auch die Bejahung der Sexualität (inklusive des Begehrens, der Gefühle, der Lust, der Beziehungen) als wichtigem Erlebnisbereich
und Raum des Vollzugs von Gemeinschaft geschieht in der theoretischen Reflexion allmählich und in kleinen Schritten. Sich mit
einer Frau zu vereinen, hatte noch für Thomas von Aquin ausdrücklich nicht als ein Gut für den Einzelmenschen, sondern nur als Gut
für die Menschheit gegolten.[6] Ein großer, erst in jüngerer Zeit er-
folgter Schritt war das lautlose Fallenlassen der Auffassung, der Geschlechtsakt – auch der in der Ehe – stehe unter dem Vorbehalt der
Entschuldigung durch die Bejahung bestimmter Güter. Dies ist in
der Pastoralkonstitution des II. Vatikanums geschehen.[7] Ein zweiter,
im Blick auf die eigene Geschichte ebenso bedeutsamer Schritt bestand darin, dass die Sinngehalte, die mit der sexuellen Intimität
verknüpft werden, nicht mehr auf die Zwecke beschränkt wurden,
die in der Tradition als objektiv vorgegeben angesehen wurden und
im damals geltenden Kirchenrecht rechtlich festgeschrieben waren,
nämlich die Zeugung und Erziehung von Nachkommenschaft, die
gegenseitige Unterstützung und die Abhilfe gegen das geschlechtliche Begehren[8]. Als Sinnziele, die intentional mit sexuellen Handlungen verbunden werden können, kommen darüber hinaus vielmehr auch infrage: Zuneigung, Anerkennung, Wertschätzung,
Bestätigung, Annahme, Fürsorge, Vertrauen, Verlässlichkeit, Solidarität, Ermutigung, Dankbarkeit, Trost und anderes mehr. Der Sinngehalt von Sexualität wird heute auch von der Wissenschaft als
polyvalent beschrieben, d. h. als nicht nur und unabdingbar auf
Fruchtbarkeit bezogen, sondern – und dies eben nicht als zusätzlich
und nebensächlich, sondern als genuin und unverzichtbar – auch
auf Identitätsausbildung, auf Beziehungsbildung und auf Lusterfah-
rung.[9] Das Arbeitspapier der Gemeinsamen Synode „Sinn und Gestaltung menschlicher Sexualität" von 1973 und weitere Dokumente
der deutschen Bischöfe haben genau diese Beschreibung des Sinnge-
haltes der menschlichen Sexualität unter diesen vier Aspekten über-
nommen.[10] Zu diesem gleichsam objektiven Sinngehalt kommen
noch die zahlreichen Möglichkeiten hinzu, Sexualität intentional

mit Sinnzielen zu verknüpfen. Diese Offenheit aber gehört gerade zu dem, was spezifisch für die menschliche Sexualität ist.

Die offizielle Lehre der katholischen Kirche spricht – ebenfalls seit der Pastoralkonstitution des II. Vatikanums – von einem zweifachen Sinngehalt des praktizierten Sexualaktes in der Ehe, nämlich von „liebender Vereinigung und Fortpflanzung" oder mit einer anderen Standardformulierung von „d[em] Wohl der Gatten selbst und d[er] Weitergabe des Lebens"[11]. Man kann diese Gleichstellung im Vergleich zur früheren Lehre ebenso bemerkenswert finden wie die Reihenfolge und den Verzicht auf eine Rangordnung. Durch die ausdrückliche Ablehnung der Sicht, die einzelnen ehelichen Akte im Zusammenhang des gesamtehelichen Lebens zu betrachten,[12] und die selbstverständliche Gleichsetzung von Sexualität mit ehelichem Geschlechtsverkehr wurde allerdings frühzeitig allen Tendenzen die Dynamik entzogen, die Erkenntnisse über die Polyvalenz der Sexualität und deren Offenheit für intentionale Sinngehalte auf andere, vor- und nichteheliche Ausdrucksformen der sexuellen Liebe weiterzudenken.

5.4 Prozessualität des Paar-Seins

Jede Verbindung zweier Menschen hat eine (Vor-)Geschichte und bedarf, soll sie in der weiterlaufenden Zeit Bestand haben, einer Entwicklung nach innen. Das gilt gleich in mehrfacher Hinsicht: Die Paar-Gemeinschaft ist sowohl in ihrem Zustandekommen als auch in ihrer Konsolidierungsphase ein Ort, wo sich die Persönlichkeiten der beiden Partner entwickeln. Aber auch als Paar sind die beiden Partner Subjekte eines gemeinsamen Wachstumsprozesses, in dem laufend Neues entdeckt, in Angriff genommen, miteinander geteilt oder integriert werden muss, etwa Freundschaften und familiäre Verbindungen und Verpflichtungen, Sympathien und Antipathien, Chancen zur Entfaltung des einen und Konkurrenzen mit Vorlieben und lieb gewonnenen Gewohnheiten des anderen. Dazu kommt noch die Andersheit der Partner im Können, Fühlen und im Empfinden als Frau oder Mann. Eine besonders tief reichende und nachhaltige

Herausforderung stellt die Bewältigung einer Schwangerschaft und die Umstellung vom Leben als Paar auf ein Leben als Familie dar. In einem späteren Stadium der Beziehung kann es auch der umgekehrte Vorgang, nämlich das Ausscheiden der Kinder aus der ständigen Lebensgemeinschaft mit den Eltern, sein, der eine Umstellung und Aufgabe für das Paar darstellt, genauso wie das Erleben des Alterns und das Ausscheiden aus den beruflichen Tätigkeiten.

Als Paar zu leben, ist in allen Phasen ein Prozess, nicht einfach nur ein Zustand. Und zwar ein Prozess des Erkennens, des besseren Kennenlernens, des Beobachtens und gemeinsamen Erfahrens. Innerhalb dieses Prozesses kann es sicher auch herausgehobene Markierungen geben, an denen eine bisherige Wegstrecke bilanziert, in Sprache gefasst, mit einer Zukunftsaussicht und einer Willensbekundung verbunden wird, auf sich bietende Alternativen explizit verzichtet und eine Eingliederung in weitere soziale Gruppen und Strukturen vorgenommen wird oder etwas Neues gemeinsam und entschlossen in Angriff genommen wird. Deshalb haben Riten und Feste zur Vergewisserung und öffentlichen Kundgabe der Zusammengehörigkeit und das Ausdrücklichmachen in Gestalt eines Versprechens einen tiefen Sinn. Aber sie sind nicht das Eigentliche und Entscheidende, sondern allenfalls dessen Anfang und in die Zukunft vorgreifende Verdichtung der gelebten und gewollten Gemeinsamkeit.

Dieser Umstand hat auch theologisch tief greifende Konsequenzen: Die Sakramentalität der Ehe ist nicht fixierbar auf den Augenblick des gegenseitigen Austauschs des beiderseitigen Jaworts, sondern erstreckt sich auf das gesamte Eheleben einschließlich all dessen, was in diesem passiert und erlebt wird. Das Bild von einem Lebens„stand" (lat.: *status*), in den man mit der Hochzeit eintritt, trifft nur sehr bedingt zu, genauso wie die damit oft verknüpfte Erwartung oder Hoffnung, dass dieser Stand selbst ein ideales Gehäuse darstellen könne, in dem sich die Arrangements von selbst ergeben und das Gelingen disponiert oder sogar garantiert sei. In Wirklichkeit aber ist das Gelingen Auftrag und Geschenk, bleibt also das gemeinsame Leben lang zugleich Ideal und Risiko. So gesehen erfordert der realistische Umgang mit der Option, ein Paar zu werden, auch den Hinweis auf die Wichtigkeit des Lernens, des Wachsen-Müssens und des Wissens um die Möglichkeit des Scheiterns.

5.5 Zusammenleben: Eine personale Realität

Vermutlich die tief greifendste Veränderung im Verständnis von Ehe in der Neuzeit besteht darin, dass als entscheidende Voraussetzung und Grundlage die Liebe zwischen den Partnern gilt. Damit werden dynastische Interessen der Eltern und Zwänge der Standeszugehörigkeit ebenso wie ökonomische Aussichten zwar nicht völlig um ihren Einfluss gebracht, aber sie sind sowohl von der Konzeption der Ehe her als auch in der konkreten Realität stark relativiert durch die primäre Rolle von Zuneigung und Gefühl. Eine Heirat ohne oder erst recht gegen den Willen zur Ehe mit diesem bestimmten Partner erscheint unverantwortlich oder sogar unmoralisch. Umgekehrt kommt dem Kennenlernen, dem Miteinander-Vertraut-Sein, der Entwicklung einer erotisch getönten Zuneigung und der selbst getroffenen Wahl des Partners die entscheidende – und nicht nur eine bestätigende – Bedeutung für das Sich-Finden der Partner und ihren eventuellen Willen, das Eheversprechen abzugeben, zu.

Personale Liebe als anthropologische Voraussetzung für das Eingehen einer Ehe ist auch in Theologie und kirchlicher Lehre bestätigt und als der eigentliche Gehalt des gegenseitigen Konsensaustausches identifiziert worden.[13] Es geht um Anerkennung und Bejahung des jeweiligen Partners ‚um seiner selbst willen'. Das will einerseits sagen, dass er nicht nur um seiner positiven Leistungen und Eigenschaften willen geliebt werden soll, sondern einschließlich seiner Schwächen und seiner Hilflosigkeit. Andererseits bedeutet das auch, dass er nicht nur im Hinblick auf seine sexuellen Eigenschaften und seine sexuelle Attraktivität geliebt werden soll, sondern als Gesamtperson.

Damit ist die ältere, bis in das Sakramentsverständnis hinein dominierende rechtliche Sicht von Ehe relativiert und überboten. Jenes kirchliche Dokument, in dem diese Relativierung und Überbietung am deutlichsten zu beobachten und zu greifen ist, war zweifellos das Ehe- und Familienkapitel der Pastoralkonstitution *Gaudium et spes.*[14] Hier wurde nämlich die Ehe vorrangig mit dem biblischen Bild des Liebesbundes (statt als Vertrag) beschrieben, als ein Ort, an dem freie gegenseitige Übereignung stattfindet (statt: ein Recht auf den Leib des anderen ausgeübt bzw. eine Pflicht, sich hinzugeben, erfüllt wird), als Vollzug aus gegenseitiger Treue, die Leib und Seele umfasst (statt: als Befolgung des Gebots der Unauflöslichkeit und des Verbots der Ehescheidung), als Ort schließlich auch, wo den Eheleuten Kinder „geschenkt" werden (statt: sie als primären Zweck der eingegangenen Ehe entgegenzunehmen).

Dass es sich hierbei aber erst um eine Überbietung und Relativierung handelt und nicht auch schon um eine Ablösung oder Ersetzung des juridischen Paradigmas durch ein anthropologisch-personales, zeigt die weitere Entwicklung der offiziellen kirchlichen Lehre, die die eingeschlagene Entwicklung nicht weiter vorangetrieben hat, sondern vielmehr die verbliebenen rechtlichen Kategorien festgehalten, aber durch personalistische Überlegungen gefüllt, interpretiert und verfeinert, dadurch aber im Ergebnis in gewisser Weise sogar noch verstärkt[15] hat. Dieser Prozess beginnt schon in der Enzyklika *Humanae vitae* von 1968 mit der Präzisierung, dass die von *Gaudium et spes* konstatierte Untrennbarkeit der beiden Sinngehalte „liebende[r] Vereinigung und Fortpflanzung" explizit auf jeden einzelnen Geschlechtsakt bezogen und eingefordert wird.[16] In *Familiaris consortio* wird die Empfängnisverhütung dann personalistisch, aber zugleich überaus konkret und juristisch exakt als „Auseinanderreißen", „Manipulieren" und „Erniedrigen der menschlichen Sexualität und damit der Ehepartner" abqualifiziert, mit der Begründung, dass sie ihr den Charakter der Ganzhingabe nehme.[17]

Eine vergleichbare Sistierung der Logik der personalen Sicht findet auch dort statt, wo es um die Interpretation der Zweitehe Geschiedener geht. Sie wird bis zur Stunde unter die kategorische Generalbeschuldigung andauernder schwerer Sündigkeit gestellt, wobei als Kriterium ausschließlich der Tatbestand der zweiten zivilen Eheschließung und der Vollzug der Geschlechtsgemeinschaft dient, unabhängig von den konkreten biographischen Umständen und Erfahrungen, unter denen es zur vorausgegangenen Scheidung und zu einer neuen Heirat gekommen ist.

5.6 Bezug zur Lebenswirklichkeit der Menschen

Theologische Reflexion hat stets zwei Bezugsgrößen: nämlich das Evangelium und die Menschen der jeweiligen Gegenwart, für die es als Frohbotschaft erschlossen werden soll. Und das sind allemal verletzbare, zugleich aber auch fehlbare und sündige Menschen. Für die Verkündigung über moralische Angelegenheiten hat das unausweichlich zur Folge, dass es in ihr nicht einseitig um Ideen vom guten Leben oder um einzelne normative Gebote gehen darf, sondern dass die moralische Rede immer auch auf die Erfahrungen und die Schwierigkeiten bezogen sein muss, die die Menschen, die heute leben, mit dem Zusammenleben und seinen verschiedenen Formen machen bzw. haben. Sexualität, Ehe und Familie sind Realitäten, mit denen tiefe Liebe und vorbehaltlose Hingabe zum Ausdruck gebracht werden, aber eben auch Macht, Egoismus, Täuschung und Verrat praktiziert werden können. Dieser Anteil an Erfahrungen und realen Lebensbedingungen darf nicht wegidealisiert werden.

Die Ehe theologisch als Sakrament wahrzunehmen, schließt ein, die konkreten Gestalten der Heilsbedürftigkeit von Beziehungen und die Auswege aus rettungslos verfahrenen Konstellationen aufzuzeigen. Sonst kann die Rede von der Sakramentalität leicht zur Selbstgerechtigkeit und zum Selbstlob derer degenerieren, die das Glück hatten, dass ihre eigene Beziehung nie in eine rettungslose Situation geraten ist, was aber nicht heißt, dass es nicht auch hier Schuld und Versagen gegeben hat.

Andererseits ist es auch wichtig, für die Menschen glaubwürdig und erfahrbar zu machen, dass auch eine Zweitehe nach dem Scheitern der ersten im Einflussbereich göttlicher Zuwendung steht, und dass die einstigen Partner nicht wegen der Übertretung einer Norm automatisch und dauerhaft als öffentliche Sünder stigmatisiert und ausgegrenzt sind.

5.7 Die pastorale Situation als Verstehens- und Aktionshorizont kirchlicher Lehre

Am Ende dieser Reihe von Korrekturen und Neuakzentuierungen, die sich aus den diversen „Baustellen" der Theologiegeschichte und der kirchlichen Lehre als fällig herausstellten, ist der Blick auf die Berechtigung und Zielsetzung des kirchlichen Sprechens über Sexualität, Partnerschaft, Ehe und Familie zu richten. Bloßes Insistieren auf dem doktrinären Erbe der Vergangenheit ist angesichts der veränderten und erheblich komplexer gewordenen Beziehungsrealität nur um den Preis möglich, dass die lehrhaften Festlegungen von denjenigen, denen sie eingeschärft und in Erinnerung gerufen werden, als idealistische Überhöhungen beiseite gelegt und die entsprechenden Normen für irrelevant erklärt werden.

Papst Franziskus selbst hat im Apostolischen Schreiben *Evangelii Gaudium* dafür den Vergleich des Gebäudes der kirchlichen Moral mit einem „Kartenhaus" verwendet und dies als schlimmste Gefahr für die Kirche bezeichnet.[18]

Erst recht dürfte der Anspruch, die entstandenen und die neuen Fragen mit dem Instrument des bestehenden kanonischen Rechts beantworten und regeln zu können, sowohl dessen Reichweite als auch seine Flexibilität bei Weitem überfordern. Im Gegenteil sind manche der bestehenden kirchlichen Rechtsvorschriften selbst ein Teil des Problems, das es anzugehen gilt.

Ein Ausweg hin zu einer Neuausrichtung des kirchlichen Sprechens über diesen Lebensbereich, bei der der Reichtum und die Probleme der Tradition weder verworfen noch ignoriert werden müssen, erscheint nur im Gefolge jenes Paradigmenwechsels möglich, den das Zweite Vatikanische Konzil in seiner Pastoralkonstitution als Programm für das Selbstverständnis der Kirche und ihres Wirkens „in der Welt von heute" skizziert hat: Sein entscheidender und für alle kirchlichen Vollzüge als verpflichtend beschriebener Ansatzpunkt lautet: „Freude und Hoffnung, Trauer und Angst der Menschen von heute, besonders der Armen und Bedrängten"[19], also nicht: Doktrinen oder tradierte Festlegungen. Diese sind hiermit nicht schon für widersinnig oder unbrauchbar diskreditiert, aber sie bekommen einen neuen hermeneutischen Horizont, von dem her sie zu verstehen, zu interpretieren, fortzuentwickeln, zu ergänzen oder auch zu korrigieren sind. In ihrer Wahrnehmung, in ihrem Sprechen, in ihrer Pastoral und auch in ihren rechtlichen Regelungen sollte die Kirche demnach in der Gegenwart und unter den aktuellen gesellschaftlichen Lebensverhältnissen „Zeichen und Werkzeug für die innigste Vereinigung mit Gott wie für die Einheit der ganzen Menschheit"[20] sein und das „allumfassende Sakrament des Heiles, welches das Geheimnis der Liebe Gottes zu den Menschen zugleich offenbart und verwirklicht."[21]

Das sind überaus feierliche und sehr grundsätzliche Formulierungen, gewiss. Aber sie lassen keinen Zweifel daran, dass das kirchliche Sprechen, Stellung-Beziehen und Sich-Engagieren für Partnerschaft, Sexualität, Ehe und Familie von den tatsächlichen Erfahrungen der Menschen und den Versuchen der Christen, ihre Liebesbeziehungen mit und aus der Perspektive des Glaubens zu leben, auszugehen haben. Diese Erfahrungen sind, auch wenn sie mit der bisherigen, in Büchern und Dokumenten festgehaltenen Lehre nicht ohne Weiteres zusammenpassen, weder *Quantité négligeable* noch bloßes Anwendungsareal für das als wahr und richtig Definierte und Gewusste.

Kapitel 6:
Von der Sexualmoral zur Beziehungsethik

Welcher Weg empfiehlt sich nun – angesichts der geschilderten Situation, unter Beachtung der theologischen Eckpunkte und den Revisionsbedarf fest im Blick?

Ein entscheidender Hinweis für die Beantwortung dieser Frage ergibt sich aus der konsequenten Weiterführung des am Ehe- und Familienkapitel der Pastoralkonstitution beobachteten Paradigmenwechsels. Hier hat sich nämlich nicht nur eine Umkodierung der rechtlichen Sicht in eine Sprache personaler Kategorien vollzogen, sondern damit verbunden auch ein Wechsel in der Auffassung von Ehe und Familie: Diese werden nämlich nicht als Gefüge von familialen Rollen beschrieben, sondern als Gemeinschaften von Personen, die in vielfältigen „interpersonalen Beziehungen" zueinander stehen.[1] Statt also Mann und Frau von vornherein in ihren Funktionen und Aufgaben als Vater und Mutter anzusprechen, geht es im Text zunächst um die Liebesbeziehung der Eheleute und ihre „innige Gemeinschaft des Lebens und der Liebe"[2] und erst danach um ihre Beziehungen und ihre Aufgaben als Eltern von Kindern.

In diese, verglichen mit früheren Dokumenten neu gewürdigte Liebe der Gatten aber ist dann auch die Sexualität einbezogen als genuine und konstitutive Weise der gegenseitigen Hingabe und nicht nur als Ausführung der mit der Eheschließung gesetzten Familiengründung oder als zwangsläufige Folge der im Eheversprechen bejahten Fruchtbarkeit. Vielmehr erscheint die Zeugung als ein eigener Akt der „Mitwirkung mit der Liebe des Schöpfers und Erlösers"[3]. Aber auch umgekehrt wird der Liebe der Ehegatten theologisch so viel Gewicht zugesprochen, dass eine Ehe als Lebensgemeinschaft auch noch für existierend erklärt wird, wenn ein Kind ausbleibt.[4]

Es ist von da nur ein kleiner, allerdings in der Pastoralkonstitution selbst noch nicht gemachter Schritt, im Zusammenhang der hier so stark betonten Ausdrucksqualität von Sexualität[5] die starke semantische Koppelung von Sexualität mit Genitalität aufzubrechen in Richtung auf eine Vielfalt von „leib-seelischen Ausdrucksmöglichkeiten"[6]. Tatsächlich muss ja Sexualität nicht genital sein und ist es häufig nicht. Ein solch offenes und weiteres Verständnis von „Sexualität" und „sexuell" weitet den Blick konsequenterweise auch auf die Beziehungen aus, die nicht Ehe sind.

Das Schlüsselphänomen und der programmatische Gegenstand einer erneuerten Partnerschaftsethik ist der Begriff der Beziehung. Was bedeutet das näherhin?

6.1 Veränderung der Aufmerksamkeit

Mit der Überschrift dieses Kapitels „Von der Sexualmoral zur Beziehungsethik" soll zunächst markiert werden, dass in einer revidierten Partnerschaftsethik die entscheidende Perspektive, unter der sexuelle Aktivität von Menschen zu einer Angelegenheit moralischen Handelns und infolgedessen auch zu einem Gegenstand der ethischen Reflexion gemacht wird, weder das individuelle Lust-Erleben, dessen Ausleben gewisse Regeln braucht, um es kultivieren zu können, noch die Zeugung von Nachkommenschaft als je nachdem zu Vermeidendes oder zu Erstrebendes ist. Der entscheidende Ansatz und Blickpunkt ist vielmehr der Umstand, dass sexuelles Handeln eng mit sozialen Beziehungen einhergeht, die mit Sexualität zum Ausdruck gebracht werden, zugleich aber auch durch sexuelle Aktivität vertieft und gestärkt werden können. Demzufolge geht es in der revidierten Partnerschaftsethik nicht vorrangig um das Erleben von sexueller Lust und die Frage, unter welchen situativen Bedingungen und mit welchen Intentionen das Bedürfnis danach erlaubter- oder unerlaubterweise Befriedigung finden darf, noch um die Offenheit oder Nicht-Verantwortbarkeit des Risikos von Elternschaft. Was in den Blick zu nehmen ist, ist vielmehr die Dynamik und Qualität der Beziehung und Sexualität als eine den Menschen mögliche Sprache und als Medium der Kommunikation mit einem anderen Menschen.

Dabei geht es um engagierte, von Zuneigung durchwirkte Beziehungen zwischen Personen. Das besagt positiv, dass für diese Beziehungen die Individualitäten des Ich und des Du wichtig sind und die Intimität und Vertrautheit einschließende Beziehung beiderseits frei und geschenkhaft ist. Negativ unterscheiden sich solche Beziehungen von anonymen und vom Markt geregelten Beziehungen, die den Gütertausch von Waren und Dienstleistungen beinhalten.

6.2 Liebesbeziehungen

Darüber, was Liebesbeziehungen zuinnerst ausmacht, gibt es seit geraumer Zeit ambitionierte Debatten.[7] Auch wenn sich die Stichwortgeberinnen in diesen Debatten sehr kritisch aufeinander beziehen, wird man viele der herausgearbeiteten Aspekte, etwa das wechselseitige Sich-Schenken, das gemeinsame Handeln und das Fürsorgen ohne größere Widersprüche miteinander verbinden können. Zu Beziehungen unter Personen gehören ferner Intimität und Bindung, zu Sexualität Freiheit und das Empfinden der eigenen leib-seelischen Integrität wie auch das Zulassen-Können von Nähe, aber auch das Bestätigt-Werden als diese besondere Person. Der sexuell seiner selbst bewusste Mensch ist nicht eine autarke Monade, sondern ausgerichtet auf ein Leben in Beziehung.

Liebesbeziehungen sind nach Jürg Willi

„das Medium für die Entfaltung, Entwicklung und Verwirklichung des intimsten persönlichen Bereichs [...]. In einer Liebesbeziehung begegnen sich zwei Suchende, unfertige und ungesättigte Menschen, die hoffen, in und durch die Beziehung ihr persönliches Potential verwirklichen zu können und zu neuen Entwicklungen aufzubrechen."[8]

Sie sind höchste Herausforderung für Entwicklung und Reifung (wie sie im negativen Fall ein destruktives Gefährdungspotential darstellen).

Liebesbeziehung und gelebte Sexualität werden von der überwiegenden Zahl der Menschen auch in der Gegenwart weitgehend als zusammengehörig betrachtet und angestrebt.[9] Auch wenn Beziehungen als fragil erlebt werden, gelten sie als der ideale Ort, an dem Sexualität praktiziert und gesucht wird; und die Sexualität gilt als geeignetes Mittel, um Nähe, Vertrauen und Zuneigung auszudrücken.

Sexualität gilt als das Spezifische, was Liebesbeziehungen von anderen Beziehungen unterscheidet, insbesondere von Freundschaft, Bekanntschaft, Kollegenschaft, Vereinskameradschaft. Andererseits ist die Beziehung das Kontinuum, das in momenthaften Akten gemeinsamer Sexualität verdichtet und durch Wiederholung davor geschützt wird, bloß ein einzelner Punkt der Vergangenheit zu werden. Trotz der vielfach gelebten und der gewünschten Zusammengehörigkeit von Liebesbeziehung und Sexualität ist das Verhältnis kein notwendiges. Zumindest gibt es faktisch auch die Sexualität mit emotional oder zeitlich selektierter Beziehung.

6.3 Die Mehrdimensionalität von Liebe

Das zentrale Motiv für partnerschaftliche Beziehungen ist nach weit verbreiteter Auffassung Liebe. Liebe ist das, was Menschen in Beziehungen zutiefst suchen und wovon sie sich selbst betroffen fühlen, oder aber, worin sie sich verletzt empfinden. Liebe ist ein Gefühl, aber zugleich mehr als ein Gefühl oder eine Neigung, nämlich auch eine affektive Einstellung und Zuneigung gegenüber einem anderen, eine Haltung des innerlichen Wohlwollens, die über jede Verpflichtung hinausreicht. Trotz dieser Eigenheit kann sich Liebe in unterschiedlichen Weisen manifestieren, die nicht aufeinander rückführbar sind. Deshalb entsprechen dem, was im Deutschen mit dem einen Begriff der „Liebe" chiffriert wird, in anderen Sprachen mehrere Begriffe, die jeweils eine ihrer Manifestationen charakterisieren. Als besonders hilfreich wurden dafür in der Philosophie- und Theologiegeschichte die griechischen Begriffe *Eros*, *Philia* und *Agape* empfunden.[10]

In diesem Schema steht *Eros* für die begehrende und leidenschaftliche Liebe und schließt deshalb die Sexualität ausdrücklich oder unausdrücklich mit ein. *Eros*-Liebe gilt zumindest seit der Romantik des 19. Jahrhunderts als die notwendige Bedingung für das Eingehen einer Partnerschaft und der Ehe, die infolgedessen häufig (in Abhebung von älteren und neueren Formen der meist von den Eltern arrangierten Vernunftehe) als Liebesehe charakterisiert wird. Zur Phänomenalität der erotischen Liebe gehört aber auch, dass sie so eruptiv und so machtvoll sein kann, dass sich die, die von ihr „befallen" werden, nicht immer an die institutionell vorgegebenen Schranken halten.

Philia hingegen hat ihren genuinen Ort und ihr Urbild in der Freundschaft. Phänomenal handelt es sich um denselben Typus wie bei der Liebe zwischen Eltern und Kindern und zwischen Familienangehörigen. Freundschaft kann sich aber nicht nur aus vorgefundenen Beziehungen der Familie, der Kollegenschaft am Arbeitsplatz und der Nachbarschaft entwickeln, sondern kann auch Ergebnis freier Wahl und Kontaktsuche sein. Freundschaftsliebe ist auf Dauer angelegt, von Wertschätzung für die Eigenarten des anderen getragen. Von ihrer inneren Struktur her sind für freundschaftliche Beziehungen Ebenbürtigkeit und Reziprozität kennzeichnend, im Gegensatz zu hierarchischen und patriarchalen Konstellationen.

Tiefe Freundschaftlichkeit kann auch Bestandteil und Grundstimmung einer erotischen Liebesbeziehung sein. Doch ist umgekehrt erotische Liebe nicht notwendig Bestandteil von Freundschaftsliebe, sondern häufig das, was aus der Freundschaft gerade ausgeschlossen und der erotischen Beziehung vorbehalten wird. Wenn dies nicht respektiert wird, ist es mit der Freundschaft meist zu Ende.

Agape schließlich steht für die Dimension der Hingabe bei der Liebe. Ihr Kennzeichen ist die vorbehaltslose Bejahung eines anderen auch dort und in dem, was an ihm gerade nicht begehrenswert erscheint, aber eben doch zu dieser bestimmten Person gehört. Hingabe schließt ein gewisses Maß an Rücknahme seiner selbst und bewusste Inkaufnahme eines Nachteils für sich selbst ein. Insofern ist Liebe in dieser dritten Gestalt am wenigsten Gefühl und am meisten ethische Haltung.

Agape-Liebe kann sich durchaus mit erotischer und mit Freundschaftsliebe verbinden und ist vielleicht sogar ein notwendiges Element beider, jedenfalls dann, wenn sie über einzelne geglückte Momente hinaus von Dauer sein soll. Allerdings kann *Agape*-Liebe auch unabhängig von diesen beiden Formen der Liebe praktiziert werden und soll es, wenn das zentrale Gebot des christlichen Glaubens, nämlich die Nächstenliebe, die im Ernstfall sogar Feindesliebe bedeuten kann, in die Tat umgesetzt werden soll.

Agape-Liebe	Hingabe, Rücksichtnahme seiner selbst
Philia-Liebe	Freundschaft, wechselseitige Wertschätzung
Eros-Liebe (inkl. *Sexus*)	Sich zum anderen hingezogen fühlen

Abb. 3: Gestalten der Liebe

Die Liebe tritt demnach in mehreren, voneinander unterscheidbaren Gestalten in Erscheinung. Trotz ihrer jeweiligen Eigenheiten sind die Unterscheide zwischen ihnen aber nicht so stark, dass sie als vollständig getrennte Formen oder als Stufenfolge, bei der jede höhere die vorausgehende Stufe ablösen oder überwinden würde, begriffen werden müssten. Vielmehr besteht ja die Möglichkeit, dass sich die drei Gestalten miteinander verbinden. Diese Verbindung von Begehren, freundschaftlichem Wohlwollen und Wertschätzung wie auch Den-anderen-als-Selbstwert-Bejahen bis zur Hingabe stellt indessen eine anspruchsvolle Aufgabe dar, für deren Gelingen es keine Garantie gibt.

Umgekehrt werden erotische Liebe und Sexualität, die von *Philia*- und *Agape*-Liebe völlig losgelöst werden, so als handle es sich ausschließlich um die Befriedigung eines Bedürfnisses mithilfe eines anderen, nach aller menschlichen Erfahrung kaum als wirklich beglückend empfunden. Das liegt an dem Umstand, dass jeder, der sich mit einem anderen in eine sexuell-erotische Interaktion begibt, es auch mit einer Person zu tun bekommt, die nicht bloß Verkörperung sexueller Attraktivität ist, sondern auch ein Subjekt, das Wünsche, Hoffnungen, Empfindungen und Verletzbarkeit hat. Die Sehnsucht, nicht nur Objekt des Begehrtwerdens eines anderen zu sein, sondern auch Zuwendung und Achtung als Person zu erfahren, der Wunsch, gerade als diese bestimmte Frau bzw. als dieser Mann in ihrer bzw. seiner Individualität geschätzt zu werden und nicht bloß als die bzw. der, der einen begehrenswerten Körper und erregbare Körperzonen besitzt, lassen sich nicht einfach durch einen einseitigen oder auch beidseitigen Willensakt zum Verstummen bringen oder dauerhaft unterdrücken. Zumindest auf Dauer ist es niemandem gleichgültig, wenn er bzw. sie bloß so geliebt wird, dass er bzw. sie gegen jeden anderen mit ähnlichen körperlichen Merkmalen ausgetauscht werden könnte. Auch bei einer anfänglichen Vereinbarung, dass die Beziehung nicht mehr sein soll als eine rein körperliche, gibt es keine Garantie, dass sich einer der Partner nicht irgendwann als betrogen, getäuscht, ausgebeutet oder gedemütigt vorkommt. Auch in der scheinbar „bloß" sexuellen Liebe sind Menschen mit ihrer Ganzheit da und sind aus auf den Horizont von Beziehungen zwischen Personen. „Der Wunsch, ganz zu sein" – schrieb Dorothee Sölle in ihrem wichtigen Buch „Lieben und arbeiten" – „lässt sich nicht verleugnen, es sei denn, um den Preis unseres eigenen Selbst. Versuchen wir diesen Wunsch zu unterdrücken, so taucht ein merkwürdiges Gefühl der Fremdheit und Leere auf. Wenn die Tiefendimension unseres Daseins nicht ins Spiel kommen darf und unangerührt bleibt, so wird unser sexuelles Leben mechanisch-funktionell, wir vertrocknen."[11] Schematisch könnte man sich die Aufgabe, einen inneren Zusammenhang zwischen den drei Gestalten von Liebe herzustellen, folgendermaßen vorstellen:

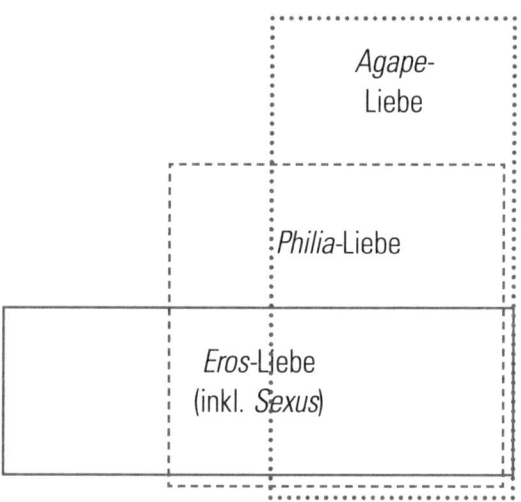

Abb. 4: Möglicher Zusammenhang und bleibende Andersheit der Gestalten der Liebe

6.4 Sexualität als Sprache

Es gehört zu den Besonderheiten des Menschen, dass sexuelles Tun in einer Beziehung mit Bedeutung „aufgeladen" werden kann. Es besteht somit die Chance, dass Sexualität als Code und als Medium einer Kommunikation dient, in der dem Partner etwas mitgeteilt bzw. von ihm verstanden werden kann, und Menschen in der intimen Interaktion zu sich selbst gelangen können. Sexuelle Aktivität braucht also nicht als Ausagieren eines individuellen Bedürfnisses mit der Hilfe eines anderen oder als Instrument zur Erzeugung von Nachkommenschaft begriffen werden; beides sind funktionale Erklärungen von außen, die in der Geschichte des theoretischen Begreifens der Sexualität eine prominente Rolle gespielt haben und aus naheliegenden Gründen – dünne Besiedlung, hohe Kindersterblichkeit, Seuchen und Ähnliches mehr – auch plausibel erschienen.

Wird Sexualität als Sprache aufgefasst, so ist der Code, der in dieser Sprache benutzt wird, in hohem Maße paarspezifisch. Ihre Inhalte sind personale Güter wie beispielsweise Zuneigung, Freude über die Gegenwart des anderen, Annahme und Bestätigung, Zugehörigkeit und Solidarität. Die sexuellen Aktivitäten dienen nicht nur der Kommunikation, kräftigen und bereichern sie, sondern sind selber eine spezifische Weise der Kommunikation, in der der Partner besser und tiefer erkannt wird und in der ihm geantwortet wird, übermittelt durch leibliche Gesten, Berührungen, Erregung von Gefühlen, spürbare Nähe und die freiwillige Preisgabe von Körpergrenzen.

Diese Sicht unterstreicht noch einmal, dass es bei der Beziehungsethik nicht vornehmlich um die Bestimmung der Grenzen gehen kann, innerhalb derer sexuelle Befriedigung erlaubt und jenseits derer sie verboten ist. Im Zentrum ihrer Aufmerksamkeit hat vielmehr die Verantwortung für die Beziehung zu stehen, in die Sexualität eingebettet ist, und die durch Sexualität zu leiblich erfahrbarem und miteinander geteiltem Ausdruck gebracht werden kann. Weil sexuelle Kommunikation aber wie jede andere Kommunikation auch misslingen kann, hat die Aufmerksamkeit auch den Formen der Verweigerung, der Störung, der Täuschung und der Verführung zu gelten.

6.5 Verantwortung als Modus der Moralität

Bezugspunkt der Beziehungsethik ist nicht das sexuelle Empfinden und Handeln als Bereich oder Aspekt der eigenen Individualität und schon gar nicht ein Set von vorgegebenen Regeln, die eingehalten werden sollen. Vielmehr geht es um die Gestaltung eines Lebensbereichs, der auf andere Menschen ausgerichtet ist, grundlegend mit der Annahme einer anderen eigenständigen Person zu tun hat und deren Empfindungen, Selbstwertgefühl, Potentiale und zukünftige Entwicklung betrifft. Das gilt noch verstärkt, wenn Kinder ins Spiel der Beziehung kommen. Die primäre Art moralischen Verhaltens, die hier angemessen und dringlich ist, ist die Übernahme von Verantwortung füreinander.

Verantwortung füreinander schließt die Sorge um die Förderung des Partners, den Schutz seiner psychischen und physischen Gesundheit und die Respektierung der Selbstachtung und Selbstbestimmtheit, die Wahrung von Vertraulichkeit und Schambedürfnis sowie die Freiheit von jedem Druck ein.

Freiheit und Eigenverantwortung der einzelnen Menschen als eine Konsequenz des Paradigmenwechsels von der Sexualmoral zur Beziehungsethik räumen dem sittlichen Urteil des Einzelnen bzw. des Paares zweifellos mehr Gewicht in Fragen von Sexualität und Liebesbeziehungen ein, als dies in der traditionellen Sexualmoral der Kirche der Fall gewesen war, die ja stark auf die Einhaltung von gesetzlich verstandenen Sexualitäts- und Ehenormen abgestellt war. Da sie diese als durch die Kirche und ihre Autoritäten verbürgt annahm, hatte deren Befolgung immer auch Züge von korporativer Konformität.

Trotz der mit dem Abstellen auf die Eigenverantwortlichkeit einhergehenden größeren Flexibilität ist das Plädoyer für den Vorrang der Eigenverantwortung und des aus persönlicher menschlicher Reife erwachsenden Urteils und für die stärkere Realisierung des Risikocharakters der intimen Beziehungen, in die sich Menschen mit ihrer Identität und Biografie hineinbegeben, alles andere als ein Eintreten zugunsten von Willkürlichkeit und anomischen (= regellosen) Verhältnissen. Stattdessen handelt es sich um ein Plädoyer für die Ausweitung und Stärkung des persönlichen Verantwortungsbewusstseins in kritischer Konkurrenz zur Konformität mit dem, was scheinbar alle, viele oder „man" heute tut, und seien es auch Praktiken oder Leitbilder, die Beziehungen verunmöglichen, substituieren oder simulieren, unter Leistungsdruck setzen oder sogar krank machen.

6.6 Beziehungs„ethik"

Auch wenn „Moral" im Hinblick auf Sexualität und Ehe nicht einfach auf die tatsächlich befolgten Einzelnormen und akzeptierten Ideale in einer bestimmten Großgruppe der Gesellschaft gemünzt ist, sondern durchaus auch einen kohärenten Komplex von Normen meint, möchte die Wahl der Bezeichnung „Ethik" für eine neue, auf Beziehung fokussierte ethische Betrachtung nicht als Synonym für „Moral" verstanden sein, sondern gerade als ein bewusst gesetzter Kontrapunkt. „Ethik" bringt nicht nur einen Anspruch auf systematische Kohärenz und Konsistenz zum Ausdruck, sondern auch reflexive

Distanz zu unmittelbarer Anwendungs- und Handlungsnotwendigkeit, das Privileg, gründliche Informationen einzuholen sowie die Rahmenbedingungen und organisatorischen Kontexte zu bedenken, ferner die Bereitschaft, wirkliche und bloß scheinbare Plausibilitäten kritisch infrage zu stellen, die Bereitschaft, Ambiguitäten und noch nicht zu Ende Gedachtes auszuhalten, die Möglichkeit und den Mut, neue Perspektiven einzunehmen und von daher längst Bekanntes neu zu sehen, sowie Interesse für ethische Konflikte und Konkurrenzen, die sich vielleicht als aufhellbar, aber nicht als auflösbar herausstellen.

Derlei reflexive Anstrengung kommt sowohl der Gründlichkeit der persönlichen Gewissensurteile zugute, wie sie auch eine Kirche bereichern kann, die den Menschen und den „Zeichen der Zeit" auf den Fersen bleiben will – nicht um ihre Überzeugungen und Symbole schnellstmöglich und widerstandslos anzupassen, sondern um im Auge zu behalten, was ihre eigentliche Aufgabe ist, nämlich den Menschen in allen Situationen des Suchens, Zweifels und Glücklichseins und auch des Leidens dabei zu helfen, überzeugter zu glauben und besser zu leben mit ihren Sehnsüchten, ihren Potentialen, aber eben auch mit ihren Grenzen.

6.7 Der bleibende Anspruch auf Achtung in der Liebe

Die entscheidende Frage der Beziehungsethik ist nicht, ob diese oder jene sexuelle Handlung – isoliert betrachtet – moralisch gut oder schlecht ist. Deshalb richtet sie ihr Interesse nicht auf sexuelle Praktiken, die von den Beteiligten einvernehmlich gewünscht oder gar als wohltuend empfunden werden. Und sie bleibt gelassen gegenüber Formen der körperlichen Selbsterfahrung auf dem Weg zur Selbstwerdung.[12] Ihr Anliegen und zugleich ihr Prüfkriterium ist vielmehr die Übereinstimmung sexueller Ausdrucksformen mit der Qualität der Beziehung, in die sie eingebettet sind. Was der Ausdruckscharakter menschlicher Sexualität und die Liebe als Qualitätsmerkmale für intime Beziehungen bedeuten, war im Vorhergehenden (6.4 bzw. 6.2–6.3) bereits näher dargelegt worden.

Es ist nun aber noch ein weiteres Moment in Erinnerung zu rufen, das zu jeder Art von Beziehung zwischen menschlichen Subjekten gehört und deshalb auch in der tendenziell umfassendsten und intensivsten, aber zugleich am meisten partikularen und einmaligen Sorte von Beziehung, nämlich der Intimität einschließenden Liebe, nicht aufgehoben wird, sondern gültig bleibt: Das ist die Achtung als Person, die einem Partner wie jedem anderen auch zusteht.[13] Denn moralische Achtung schuldet man allen Personen[14] und deshalb auch dem Partner. Achtung ist nicht die Disziplinierung der Leidenschaftlichkeit und der Spontaneität der Liebe. Gleichwohl begrenzt die Haltung der Achtung das Handeln und schränkt folglich auch den Gebrauch des Partners als Mittel zur Befriedigung eigener Wünsche ein.

Wegen des jedem zustehenden Anspruchs, geachtet, in seinen Bedürfnissen respektiert und in seinen Verletzbarkeiten berücksichtigt zu werden, gilt das Verbot der vollständigen Instrumentalisierung auch im Hinblick auf die Suche und den Vollzug von gemeinsamer Intimität. Daraus ergibt sich ein sehr kritisches Verhältnis gegenüber vielen Praktiken. Dem Verdikt verfallen auf jeden Fall alle Formen physischer und seelischer Gewalt in Beziehungen, ferner alle Spielarten der Erniedrigung und Demütigung von systematischer Vergewaltigung als Element der Kriegsführung bis hin zur Belästigung, und sei es auch durch Angst oder Scham; des Weiteren: die Bevormundung und Ausnutzung von Vertrauen und Unsicherheit wie bei der Pädophilie und erst recht die Behandlung von Frauen als Ware und ihre Verstrickung in Strukturen des Menschenhandels, der Sklaverei und der Prostitution, des Sextourismus und der Pornografie, soweit sie sich nicht zur Wehr setzen können. Insofern sich der Anspruch auf Achtung und die Verpflichtung dazu auf alle Menschen erstreckt, stellt er sowohl die Einzelnen in ihrem individuellen Handeln als auch die gesellschaftlichen Regeln, die Missachtung zulassen, fördern oder verharmlosen und das Aufdecken mit hohen Mutschwellen verknüpfen, unter einen kritischen Vorbehalt. Unter die gesellschaftlichen Regeln fallen dabei sowohl rechtliche Bestimmungen als auch Gewohnheiten, fest verwurzelte Sichtweisen der Alltagsmoral und Vorurteile.

Kapitel 7:
Die umstrittenen Einzelprobleme und Perspektiven für ihre Klärung

Im Zentrum der Debatten sexualethischer Sujets, die in den letzten Jahrzehnten in und im Umfeld der katholischen Kirche stattgefunden haben, standen in der Regel ganz konkrete normative Festlegungen der kirchlichen Lehre und deren Einforderung durch hohe und höchste Repräsentanten und Amtsträger. Ausgelöst wurden diese Debatten durch Konfliktfälle, häufig aber auch durch kritische Stellungnahmen in offiziellen Verlautbarungen, prominenten Texten und öffentlichen Ansprachen.

In den entsprechenden Debatten selbst ging es dann aber nicht nur um die Auseinandersetzung mit den konkreten Positionen zu bestimmten Problemfeldern, sondern auch um die Thematisierung der größeren theoretischen Zusammenhänge, die für die Rechtfertigung bzw. Bestreitung der konkreten Positionen angeführt oder vorausgesetzt werden.

In diesem spannungsvollen Hin und Her sind die Interessen der beteiligten Akteure durchaus unterschiedlich verteilt. Während sich die Öffentlichkeit vor allem und fast ausschließlich für die konkreten Handlungsnormierungen, ihre Begründung bzw. ihre fehlende Plausibilität interessiert, richtet sich die Aufmerksamkeit der wissenschaftlichen Theologen vorzugsweise auf die Herkunft sowie die Theorien und Interpretationen, mit deren Hilfe diese Positionen untermauert werden.

Im vorliegenden Kapitel wird versucht, die konkreten Themenkreise, die in der innerkirchlichen Öffentlichkeit innerhalb der letz-

ten Jahrzehnte am meisten „anstößig" waren, in den Blick zu nehmen, ihre theologisch-ethische Problematik darzustellen und dann
die Lösungsperspektiven, die sich als theologisch verantwortbar
abzeichnen, zu umreißen.

7.1 Verantwortete Elternschaft

Der bislang schärfste und schon am längsten dauernde Konflikt um
eine kirchliche Sexualnorm betrifft die Empfängnisregelung. Sein
zeitlicher Ausgangspunkt war die Entscheidung, die 1968 mit der
Enzyklika *Humanae vitae* nach jahrelanger Diskussion gegen die als
„künstlich" eingestuften (damals noch neuen) Mittel zur sogenannten Geburtenregelung getroffen worden war. Obschon die Aus-
gangsfrage in der Lebenspraxis heutiger Paare eher eine nebensäch-
liche Rolle zu spielen scheint, jedenfalls von den meisten nicht
mehr als gravierendes Gewissensproblem empfunden wird, blieb
die in *Humanae vitae* vertretene Position wegen der in dieser Enzyklika vertretenen und in nachfolgenden Dokumenten[1] wiederhol-
ten, verfeinerten und erweiterten Auffassung von Sexualität, Ehe
und Familie die maßgebliche und für die gesamte Sexualmoral der
katholischen Kirche repräsentative Position, der außerdem mit dis-
ziplinären Maßnahmen Nachdruck verliehen wurde.
  Dabei war im Kirchenvolk wie auch in der Theologenschaft zu
keinem Zeitpunkt der Debatte umstritten, dass Kinder für ihre un-
gestörte Entwicklung stabile und übersichtliche Beziehungen von
Eltern als Raum des Angenommen-Seins und der Entwicklung benötigen und dass die Offenheit für Kinder der psychosozialen Entwicklung von Erwachsenen gut tut, noch auch, dass Schwanger-
schaftsabbruch kein moralisch akzeptables Instrument der Geburtenregelung ist. Auch im Grundsatz, dass die Offenheit für Nachwuchs
auf die konkreten familiären Gegebenheiten abgestimmt, also regu-
liert werden solle (sogenannte verantwortete Elternschaft), wie er in
Gaudium et spes formuliert[2] und weder in *Humanae vitae*[3] noch
Familiaris consortio[4] infrage gestellt wurde, bestand stets Übereinstimmung. Dies zeigen vor allem die weitergehenden Formulierun-

gen im Synodenbeschluss *Ehe und Familie* der Würzburger Synode von 1976[5] eindrucksvoll. Gegenstand des Streits war und ist bis heute allein die Methode, also die Frage, durch welche konkreten Maßnahmen eine verantwortliche Lenkung (einschließlich der Begrenzung) der Fruchtbarkeit bewirkt werden dürfe.

Das Festhalten an der moralischen Disqualifizierung sämtlicher Handlungen, die unternommen werden, um die Fortpflanzung als Folge des Geschlechtsverkehrs zu verhindern,[6] als „verwerflich" hat alle anderen Aspekte und innovativen Impulse, die in den betreffenden Dokumenten durchaus auch enthalten sind, überlagert und stumpf gemacht. Bei anderen Themen, etwa der Bekämpfung von Aids, hat dies der Kirche den Vorwurf eingebracht, effektive Maßnahmen gegen die Ausbreitung der Infektion zu behindern bzw. solche allenfalls in der Art einer offiziell-inoffiziellen Doppelmoral zu dulden.

Bei der Suche nach den Gründen wird man vor allem auf das Argument der Kontinuität der Lehre stoßen, die ja herkömmlich dem Wortlaut nach jede Form der Empfängnisverhütung als schwer sündhaftes Tun (die Bezeichnung hierfür in den Beichtspiegeln hieß „Missbrauch der Ehe") verurteilte. Dieses Argument der Kontinuität der Lehre ist aber allenfalls dann schlüssig, wenn man sowohl komplett von den Erfahrungen der Eheleute absieht, die versucht haben, nach diesen – durch die Ehe-Enzyklika Pius' XI. *Casti connubii* (1930) abgemilderten – Vorgaben zu leben,[7] als auch von den historischen, biologischen und theologischen Bedingungen, unter denen diese Tradition herausgebildet wurde und plausibel erschien. Dazu gehörte neben vielem anderen, dass bis ins 19. Jahrhundert hinein eine hohe Fortpflanzungsrate geradezu eine Notwendigkeit darstellte, um die hohen Verluste an Kindern bei der Geburt, durch Seuchen, Hungersnöte, Kriege und infolge der Kargheit des Lebens insgesamt auszugleichen. Auch die von älteren Autoren gern als biblischer Beleg für die moralische Verurteilung von Empfängnisverhütung herangezogene Erzählung über die Bestrafung Onans in Gen 38 taugt zu diesem Zweck so wenig wie zur Verurteilung der Selbstbefriedigung, da es in dem Text um den Ungehorsam des Sohnes gegenüber dem ausdrücklichen Gebot des

Vaters und die Verletzung des Leviratsgesetzes geht, demzufolge ein Bruder mit der noch kinderlosen Witwe seines verstorbenen Bruders Kinder zeugen müsse, damit dessen Name, Familie und Grundbesitz in Israel erhalten bleibt und an der Verheißungslinie partizipieren kann (Dtn 25,5–10; vgl. Rut 1–4).

Vor dem Hintergrund einer stark verminderten Säuglings- und Kindersterblichkeit, demographischer Ungleichgewichte und stark veränderter Ausbildungs- und Berufsbiografien von Männern und Frauen stellt sich die Frage der Empfängnisverhütung heute in veränderter Weise. Ihre wichtigsten Bezugspunkte hat sie in der Vermeidung leichtfertiger Zeugung, in der Stärkung der Präventionshaltung, in der Freundlichkeit gegenüber Kindern in allen Feldern gesellschaftlichen Zusammenlebens sowie in der Unterstützung bei der Realisierung der vorhandenen Kinderwünsche. Was die Wahl des konkreten Mittels betrifft, so erweist sich diese Frage in der konkreten Praxis der Paare als eher nachrangig in der Wichtigkeit; worauf es kirchlich wie auch gesellschaftlich-politisch eher anzukommen scheint, ist doch, zu erreichen, dass die auch in *Gaudium et spes* formulierte Maxime, dass „die angewandte Methode [...] keinen der beiden Partner seelisch verletzen oder in seiner Liebesfähigkeit beeinträchtigen"[8] dürfe, realisiert wird. Dies bedeutet an die Adresse der Kirche gerichtet, ein Mehr an Zutrauen an die Paare, und an die Adresse der Politik gerichtet, ein Verdikt gegenüber staatlichem Paternalismus, der Paaren vorschreiben möchte, ob und wie viele Kinder sie haben dürfen.

7.2 Nichteheliche Partnerschaften

Ein zweites Problemfeld betrifft die Deutung und Bewertung der veränderten Beziehungswirklichkeit: Seit den 1970er-Jahren ist in allen westlichen Gesellschaften die Anzahl von Paaren, die ähnlich wie Ehepaare gemeinsam wohnen, sexuelle Intimität teilen, dem Partner gegenüber Verpflichtungen anerkennen, Hilfsbereitschaft praktizieren usw., es aber gleichwohl unterlassen, miteinander offiziell die Ehe einzugehen, sprunghaft in die Höhe gegangen. Zwar hat es auch schon früher vereinzelt Paare gegeben, die wie Eheleute lebten, ohne verheiratet zu sein. Der Grund, unverheiratet zu bleiben, lag dann aber meist darin, dass sie nicht heiraten durften oder, wenn sie es dennoch getan hätten, erhebliche Nachteile hätten hinnehmen müssen. Wenn heute Paare unverheiratet „zusammenleben", tun sie es hingegen aus eigenem Entschluss und praktizieren ihr Zusammenleben ganz bewusst als nichteheliches. In historisch bisher so noch nie da gewesenem Umfang ist das nichteheliche Zusammenleben Gegenstand einer Wahl und einer Entscheidung der Partner selbst geworden und als eigene Form des gemeinsamen Lebens neben die durch Sitte und Tradition sich anbietende und durch Recht und Kirche institutionalisierte Ehe getreten. Dieses Phänomen tritt in allen Schichten der Bevölkerung auf und in so gut wie allen Altersgruppen, und macht in der Häufigkeit keinen deutlichen Unterschied zwischen kirchlich gebundenen und nicht kirchlich gebundenen Menschen.

Parallel zum Ansteigen der Zahl der nichtehelichen Partnerschaften hat sich auch die Einstellung der Öffentlichkeit zu diesen verändert: Anders noch als zu Beginn der 1970er-Jahre provoziert diese Art des Zusammenlebens kaum noch Entrüstung und wird von großen Teilen der Bevölkerung für „normal" gehalten oder jedenfalls hingenommen,[9] als Beispiel und Ausdruck der raschen Veränderung unserer Lebenswelt. Manche Älteren bedauern sogar ein bisschen, dass ihnen zu der Zeit, als sie selbst jung waren, derlei Freiheit nicht offen gestanden hat. Es gibt aber auch Menschen, die sich mit dieser Entwicklung schwer tun, weil sie in ihr einen Schritt in Richtung einer bindungsunfähigen Gesellschaft sehen. Vor allem Eltern, Großeltern, Lehrern und Seelsorgern kann das Zusammenleben ihrer Kinder, Enkel oder Anvertrauten Sorge und bisweilen sogar Ärger bereiten. Gerade im Vorfeld der Entscheidung ‚zusammenzuziehen' finden dann heftige Auseinandersetzungen statt. Andere wiederum finden diese Art, eine Beziehung zu leben, zwar „eigentlich nicht richtig", finden sich aber damit ab, „weil das heute eben so ist". Oder sie trösten sich mit der Aussicht, dass aus dem Zusammenleben eines Tages doch noch Ehe und Familie werden kann.

Manche Katholiken unter den genannten Eltern, Großeltern, Seelsorgern und Lehrern leiden weniger daran, dass ihre Kinder sich zum Zusammenleben entschließen, sondern eigentlich mehr daran, dass diese einen Weg eingeschlagen haben, der der kirchlichen Norm ausdrücklich widerspricht. Denn sie wissen um den erklärten Standpunkt, dass die „geschlechtliche Hingabe des Menschen nur innerhalb der Ehe erfolgen darf"[10]. Die „körperliche Vereinigung zwischen einem Mann und einer Frau, die nicht miteinander verheiratet sind", gilt als „Unzucht"[11].

Eine solche Kategorisierung empfinden viele als zu pauschal und herabsetzend. Als zu pauschal, weil die Möglichkeit zum Geschlechtsverkehr nicht der einzige Inhalt der nichtehelichen Partnerschaft ist, sondern diese vielmehr dem Partner auch noch anderes abverlangt, etwa die Gestaltung des alltäglichen Miteinanders, die Vertiefung der vielleicht erst vorläufigen Partnerwahl, die Klärung der eigenen Absichten und Bereitschaften, den Umgang mit Belastungen und Routine, die gerechte Aufteilung der alltäglichen Arbeiten usw. Als herabsetzend, weil sie vielleicht aus eigener Beobachtung das ernsthafte Bemühen der Partner erkennen, mit sich selber und miteinander ehrlich zu sein, zu lernen, was treu sein heißt, und Verantwortung für den anderen zu übernehmen.

Aus dieser konfrontativen Gegenüberstellung von gelebter Beziehungsrealität und kirchlicher Abschätzigkeit kommt man nur heraus, wenn man nicht einfach die Ehe qua Institution zum Maßstab der moralischen Beurteilung der nichtehelichen Partnerschaften macht, sondern die personalen Werte, die in der Ehe als personaler Lebensgemeinschaft gelebt, erfahren und voneinander erwartet werden. Das aber sind Werte wie Geborgenheit, Füreinander-Dasein, Sich-gegenseitig-Unterstützen, Treue, Vertrauen-Können. Macht man sie zum Maßstab der Beurteilung, dann zeigt sich zum Ersten, dass nichteheliche Partnerschaften kein einheitliches Phänomen sind, sondern dass je nach der angestrebten Dauer und den Erwartungen und Zielen, die mit dem nichtehelichen Zusammenleben verbunden werden, zwischen mehreren Formen differenziert werden muss. Zum Zweiten ist es sicher nicht gerecht, wenn man die nichtehelichen Partnerschaften pauschal der Verantwortungsscheu und der fehlenden Bereitschaft, sich zu binden, bezichtigen würde. Derartiges kann in Einzelfällen sicherlich zutreffen, muss es aber nicht zwangsläufig. Zum Dritten zeigt sich, dass in einer nichtehelichen Partnerschaft zu leben nicht automatisch bedeutet, Ehe und Familie abzulehnen. Das trifft sogar nur auf einen kleinen Teil der so Lebenden zu, während sich der Großteil der Partner als offen für die Lebensform Ehe bekennt.

So wie also die Ehe nicht der einzige und ausschließliche Ort ist, wo man Beziehungen sexuell ausdrücken kann, ist sie auch nicht der einzige Ort, wo Gemeinsamkeit, Liebe, Sorge füreinander, Verlässlichkeit und Verantwortung gelebt und erfahren werden können. Freilich gibt es Unterschiede im Grad, wie dieses Wollen mit der Bereitschaft verknüpft wird, dafür auch eine rechtliche und öffentlich dokumentierte Verbindlichkeit einzugehen.

Die beiden minimalen Schlussfolgerungen, die sich aus diesen Befunden aufdrängen, sind: eine differenzierte Wahrnehmung der nichtehelichen Partnerschaften, und: den Weg zur Ehe als stufenweisen Vorgang zu sehen. Die dringliche Aufforderung zu differenzierter Wahrnehmung der Beziehungsrealität findet sich bereits im Arbeitspapier *Sinn und Gestaltung menschlicher Sexualität* der sogenannten Würzburger Synode aus dem Jahr 1973. Eine undifferenzierte pauschale Beurteilung vorehelicher sexueller Beziehungen „werde den betreffenden Menschen in ihrem Verhalten nicht gerecht" – heißt es da unter anderem, und dann: „Es ist offensichtlich, dass der wahllose Geschlechtsverkehr mit beliebigen Partnern anders zu bewerten ist, als intime Beziehungen im Rahmen eines Liebesverhältnisses oder intime Beziehungen zwischen Partnern, die einander lieben und zu einer Dauerbindung entschlossen sind."[12] Beim zweiten Punkt, nämlich dem Stufencharakter des Wegs zur Ehe, kann man vom Ende her argumentieren: Die gemeinsamen Erfahrungen, die die Partner in einer Beziehung machen, und die Werte, um deren Verwirklichung sie sich in ihrem Zusammensein bemühen, sind auch mit dem Entschluss zu heiraten nicht einfach schon erreicht und abgeschlossen. Wenn es also auch noch innerhalb einer Ehe Entwicklungsstufen gibt, muss man davon ausgehen, dass auch der Weg in die Ehe ein schrittweises

Vorangehen und Sich-Erarbeiten einer Basis ist, auf der später weitergebaut werden kann.

7.3 Wiederverheiratete Geschiedene

Dieses Problemfeld ist aktuell wohl das drängendste, weil es viele „gestandene" Gläubige unmittelbar betrifft und die offizielle Sicht dieser Situation mit existentiellen rechtlichen Folgen für die Betroffenen (z. B. Ausschluss von den Sakramenten) verknüpft ist.

Dass es so häufig zu einer Scheidung kommt, hat einen der Gründe darin, dass heute die Erwartungen an eine Ehe ungleich höher sind als zu Zeiten, als sich die Erwartung an diese Lebensform auf Ziele wie Beständigkeit, Kinder, Freundschaft, gegenseitige Hilfestellung und Versorgung bezog. Im Unterschied zu diesen eher pragmatischen Erwartungen werden heute auch und zuerst „anhaltende Faszination und Bewunderung, tiefe Liebe und erfüllende Zweisamkeit"[13] erwartet. Von der Systematischen Theologie angefangen über die Pastoralkonstitution des II. Vatikanums und die postkonziliaren Verlautbarungen der Päpste bis hin zur *Theologie des Leibes* von Johannes Paul II.[14] ist dieses veränderte Erwartungsprofil von Ehe unter dem Stichwort „personal" für kompatibel mit der theologischen Deutung der Ehe in der kirchlichen Tradition erklärt worden.

Deshalb erscheint es weder als aufschlussreich noch auch als gerecht, den „Preis" für diese Veränderung des Eheideals, nämlich die Vergrößerung des Risikos, dass diese Erwartungen enttäuscht werden können und die Beziehung scheitert, nur dem Konto einer abnehmenden privaten und öffentlichen Moral anzulasten. Natürlich können mit dem Hinweis auf die Zunahme der Glückserwartungen nicht sämtliche Trennungen und Neuverbindungen für moralisch salviert erklärt werden. Aber auch in umgekehrter Richtung wird man durchaus sagen müssen, dass die Annahme der Kirche, eine zweite Ehe bedeute ein fortgesetztes Leben in schwerer Sünde (so noch immer das entscheidende Argument, das für den Ausschluss der wiederverheiratet Geschiedenen vom Kommunionempfang geltend gemacht wird[15]), eine schematische Unterstellung darstellt, die menschlich und theologisch-ethisch unangemessen ist.

Als der eigentlich zentrale Punkt der Problematik des kirchlichen Handelns angesichts von Scheidung und Wiederheirat schält sich in den jüngeren Diskussionen auch immer stärker der Umgang mit dem Scheitern heraus.[16] Auch das ist folgerichtig unter dem Aspekt der Personalität. Denn worauf es in der Krise und erst recht angesichts des offensichtlichen Zerschellens der eigenen Erwartungen ankommt, ist nicht nur der kämpferische Einsatz für die Erhaltung der Beziehung, solange diese noch eine Chance hat, das Bemühen um Klärung und Hilfe von außen sowie die Treue zu dem, was an Verbindlichkeit gewachsen ist, und die Trauer über das, was kaputt und verloren gegangen ist, sondern ab einem gewissen Zeitpunkt auch der Wille, neu anzufangen, die Bereitschaft dazuzulernen und zu reifen, der Wille, es das nächste Mal besser zu machen, die Bereitschaft zu akzeptieren und zu verzeihen, die Bewahrung des Glaubens an den Menschen, an das Vertrauen-Dürfen und an den Beistand Gottes. Und dies alles ist nicht nur Aufgabe der betroffenen Einzelnen geworden, sondern auch eine Herausforderung an die Institution Kirche und eine von ihr zu entwickelnde „Fehlerkultur"[17]. Es ist wichtig, denen, die mit ihrer Beziehung gescheitert sind, zumindest nicht das Signal zu geben, dass damit alles verloren ist, eben auch die eucharistische Gemeinschaft und die offizielle Achtung.

Schon die frühen christlichen Gemeinden haben um eine solche Fehlerkultur bzw. positiv ausgedrückt „um eine praktikable Anwendung des Verbots der Ehescheidung gerungen"[18]. Über die sogenannten Unzuchtsklauseln bei Matthäus und die Interpretation der Jesusweisung durch Paulus in 1 Kor 7 lässt sich nicht einfach hinweggehen.[19] Ganz abgesehen davon, dass man in den überlieferten Weisungen Jesu überhaupt nichts darüber erfährt, was passiert ist oder passieren sollte, wenn jemand aus dem Jüngerkreis gegen Jesu Weisung verstoßen hat, also die Ehe gebrochen, seine Frau entlassen oder wieder geheiratet hat.

Darüber hinaus ist es aus heutiger Sicht hoch problematisch, ein moralisches Ideal unmittelbar in eine Rechtsnorm zu transformieren;

in analogen Fällen, z. B. beim Verbot der Schwurpraxis oder bei den Vorbehalten gegen den Gebrauch hierarchischer Ehrentitel (Mt 23), hat sich die Kirche stets geweigert, eine solche unmittelbare Transformation zu realisieren.

Bloßes Zitieren und Wiederholen von Jesu Weisung eignet sich also nicht als unmittelbare und zureichende Handlungsanleitung für die Gegenwart. Unbeschadet aller Deutlichkeit der grundsätzlichen Ablehnung der Ehescheidungspraxis, wie sie im Judentum seinerzeit gehandhabt wurde (nämlich als männliches Privileg, die Frau aus praktisch jedem Grund entlassen zu können), hat die Kirche in der Geschichte immer wieder auch nach praktikablen rechtlichen Regeln gesucht, die auch den besonderen Umständen des Verlassen-Werdens, des Nicht-fortsetzen-Könnens oder gar des Scheiterns gerecht werden können.[20]

Auch wenn aufgrund eines veränderten Verständnisses von Identität sowie der Bedeutung der Sexualität für diese und aufgrund eines veränderten Ideals von Partnerschaftlichkeit (Gleichheit, gegenseitige Akzeptanz in bleibender Freiheitlichkeit) und Fortpflanzung (als Ausdruck einer bewussten Entscheidung) Zusammenleben, Ehe und eben auch das Management des Scheiterns viel stärker als jemals zuvor zur Sache der beteiligten Individuen geworden sind, bedarf es auch weiterhin institutioneller Unterstützung und Regelungen auch für Fälle des Scheiterns. Nicht nur in der Vorgabe eines Rahmens für das gewünschte Verhalten und in der Sicherung der eingegangenen Verpflichtungen bestehen grundlegende Aufgaben des Kirchenrechts, sondern auch im Bereithalten von Regeln, wie damit umzugehen ist, wenn Beziehungen trotz aller Bemühungen scheitern. Eine institutionelle Antwort nämlich kann „das Unmäßige in den spontanen Reaktionen der Umwelt" begrenzen, „gibt zugleich einen Weg vor zu Versöhnung und Wiedereingliederung" und stellt „gegenüber dem bloßen Verdrängen und Ächten der betroffenen Personen" die bessere Alternative dar.[21]

Dabei reicht der Verweis auf die Möglichkeit der Annullierung, die es ja im Kirchenrecht schon immer gegeben hat, nicht mehr aus, selbst wenn die Voraussetzungen zu deren prozessualer Feststellung heute wesentlich entgegenkommender sind als noch vor Jahrzehnten. Denn Annullierung hängt ja an der Bedingung, dass die betreffende Ehe in Wirklichkeit gar nicht gültig zustande gekommen ist. Das ist im konkreten Fall aber ein recht voraussetzungsreiches Konstrukt, das, weil es in vielen Fällen der früheren gemeinsamen Beziehungsrealität überhaupt nicht angemessen ist, auch zur Verstellung und Unehrlichkeit anreizen kann.

Genauso wenig werden auch die anderen Möglichkeiten des geltenden kirchlichen Rechts, eine Ehe aufzulösen (wegen Nichtvollzugs und durch Dispens „zugunsten des Glaubens"), ausreichen, um den Betroffenen die Gewissheit oder wenigstens das Gefühl zu geben, dass ihnen angesichts ihrer Situation des Gescheitert-Seins und des Bemühens um einen Neuanfang vonseiten der Institution und ihrer Regeln mit Verständnis, Respekt und der Bereitschaft, Hilfestellung zu geben, begegnet wird. Tatsächlich nämlich fühlen sich viele der Betroffenen als öffentliche Sünder diskriminiert und gehen deshalb auch von sich aus auf Distanz zur Kirche.

Bei der Suche nach einem besseren, akzeptierenden Umgang geht es nicht um die nachholende oder indirekte Einführung des Instituts der Scheidung in die Ordnung der Kirche, als ob die Ehedauer von vornherein oder zu einem kritischen Zeitpunkt der vertraglichen Verabredung unterstehen könnte. Vielmehr geht es um die Realität des Scheiterns und das Wiederanfangens sowie um die Rolle der christlichen Gemeinde hierbei. Die Verbindlichkeit des Wortes Jesu kann und soll nicht zurückgenommen werden, aber der Realität des Nichtgelingens muss Rechnung getragen werden. Theologisch sind dabei zwei Imperative unumgänglich: Nämlich zunächst die schon von der Würzburger Synode im Beschluss *Ehe und Familie* (1975) ausgesprochene Anerkenntnis, dass in dieser Situation „das Verbleiben in der neuen Bindung wegen der damit verbundenen neuen Verantwortung zur Pflicht werden"[22] kann. Der andere Imperativ besteht in der Verpflichtung, die Kirche in ihrem Sprechen und ihrer Praxis hinsichtlich Scheidung und Wiederheirat so zu verändern, dass sie Raum, Gemeinschaft und Symbol ist, wo Vergebung, Nähe Gottes und Ermutigung erfahren werden können, auch und gerade in einer solchen Situation.

7.4 Homosexualität

Im Vergleich mit den vorhergehenden Problemfeldern liegt die Problematik bei der Beurteilung von Homosexualität etwas anders, insofern der Diskurs hierüber in einem internationalen gesellschaftlichen und politischen Diskussionskontext stattfindet. In diesem ist
die Katholische Kirche nur ein Akteur unter vielen, freilich einer,
der oft als besonders einflussreiche und veränderungsresistente
Verkörperung einer tief verwurzelten Homophobie angesehen wird,
manchmal geradezu reflexhaft.

Inhaltlich speist sich die Problematisierung der traditionellen Verurteilung der Homosexualität aus mehreren Quellen. Eine von ihnen
ist die Erweiterung des medizinischen und psycho-biologischen
Wissens über die Bandbreite und das Zustandekommen der sexuellen Orientierungen; sie hat der Disqualifizierung der Homosexualität als widernatürlich und pathologisch die Grundlage entzogen. Des
Weiteren geht es um die aus der Menschrechts-Logik erwachsene,
heute weltweit aufgenommene Bewegung der Entdiskriminierung
von Minderheiten aller Art; im speziellen Fall einer Minderheit,
deren Angehörige einzig aufgrund ihrer von der Mehrheit abweichenden sexuellen Orientierung von der vollen Partizipation am
Leben der Gesellschaft ausgeschlossen sind – teils de iure, teils de
facto mittels Vorurteilen, Unterstellungen, Zuschreibungen sozialer
und gesundheitlicher Risiken. Schließlich ist auch – und das ist ein
genuin theologisches Phänomen – die Tragfähigkeit der biblischen
Texte, mit denen die Verurteilung der Homosexualität jahrhundertelang gerechtfertigt und als zwingend erwiesen wurde (Lev 18,22 u.
20,13; Gen 19,1–29; Röm 1,24–27; 1 Kor 6,10; 1 Tim 1,10), durch die
historisch-kritische Erforschung ihrer Entstehungsbedingungen und
ihrer Aussageabsichten hinfällig geworden.

Diese Umstände haben selbst in offiziellen vatikanischen Texten
der letzten Jahre zu Modifikationen früherer Positionen geführt, die
oft übersehen werden. So wird das Vorhanden-Sein einer nicht ge-
wählten homosexuellen Veranlagung bei „einer nicht geringen Anzahl von Männern und Frauen" ebenso anerkannt[23] wie der Un-
rechtscharakter, sie deswegen „in irgendeiner Weise [...] zurückzu-

setzen"[24]. Deshalb erscheint es wenig konsequent, daran festzuhalten, dass „die homosexuellen Handlungen in sich nicht in Ordnung sind"[25], und die Aussage, alle Menschen mit homosexueller Orientierung seien „zur Keuschheit berufen"[26], erscheint als bloße Behauptung, für die man die Gründe schuldig bleibt.

Zahlreiche Moraltheologen halten deshalb neben der Möglichkeit eines Verzichts auf sexuelle Betätigung auch die Gestaltung im Rahmen einer auf Verantwortlichkeit, Verbindlichkeit, Dauer und Solidarität angelegten Liebesbeziehung für eine gut begründete Option.[27] Selbstzeugnisse Betroffener und wissenschaftliche Untersuchungen zeigen, dass die Annahme, solche Beziehungen würden, da die Option der Weitergabe des Lebens grundsätzlich ausgeschlossen sei, „nicht einer wahren affektiven und geschlechtlichen Ergänzungsbedürftigkeit"[28] entsprechen, sich je länger desto deutlicher als Reflex einer Situation herausstellt, in der homosexuelle Neigungen nur unter striktem Verheimlichungszwang und in prekären subkulturellen Milieus ausgelebt werden konnten. Heute hingegen muss man sagen, dass die grundsätzlichen Kriterien, die für einen humanen Vollzug der heterosexuellen Sexualität gelten, genauso oder ähnlich auch für gleichgeschlechtliche Konstellationen gelten.

Die konkrete rechtliche Gestaltung gleichgeschlechtlicher Paarbeziehungen ist längst im Gang. Die Frage, ob das Institut der Ehe „für alle", also auch für gleichgeschlechtliche Partnerschaften geöffnet werden solle[29] oder ob ein eigenes, weitgehend eheanaloges Institut dafür ausreicht und vorzuziehen ist, ist derzeit eine symbolisch und emotional hoch aufgeladene Streitfrage geworden, ähnlich wie auch die Möglichkeit der Volladoption von Kindern und der Zugang zu Verfahren der assistierten Reproduktion bis hin zur Leihmutterschaft.

7.5 Zölibat

Ehelosigkeit aus religiösen Motiven ist in der Religions- und Kulturgeschichte ein verbreitetes und teilweise fest institutionalisiertes Phänomen. Sie scheint etwas zu sein, was nur diejenigen etwas angeht, die diese Lebensform auch selbst praktizieren. Als frei gewählte ist sie der Kritik durch andere entzogen. Wenn sie trotzdem immer wieder im Kontext von Partnerschaft, Liebe und Sexualität als ein Problem aufscheint, so hat das zum einen damit zu tun, dass sie als „Zeichen für" gerechtfertigt wird,[30] zum anderen damit, dass sie nach geltendem Recht der katholischen Kirche[31] (genauer: nur der lateinischen Kirche)[32] eine Verpflichtung ist, zu der sich alle bereit erklären müssen, die ein höheres kirchliches Weiheamt (Diakonat [bedingt], Priestertum, Episkopat) übernehmen, und insofern auch die Gläubigen betroffen sind. Ausdrücklich sagt das Kirchenrecht auch noch, dass der Zölibat „eine besondere Gabe Gottes ist", erklärt aber zugleich alle Kleriker „als zum Zölibat verpflichtet"[33]. Zeichen können nur Zeichen sein, wenn sie verstanden werden können. Und zwar sowohl von den betreffenden Personen selbst, die sie verkörpern, also sich zu dieser Lebensform entschließen, als auch von den anderen im Umfeld. In den offiziellen kirchlichen Texten wird die Zeichenhaftigkeit durch Aufnahme der Formel „um des Himmelsreiches willen" aus Mt 19,12 chiffriert. Die gewählte Ehelosigkeit wird also als „Zeichen der zukünftigen, schon jetzt in Glaube und Liebe anwesenden Welt, in der die Auferstandenen weder freien noch gefreit werden"[34], gedeutet und als eine Form, dieses Aus-Sein auf das Himmelsreich inmitten allen Beschäftigt-Seins mit den alltäglichen Angelegenheiten wachzuhalten, genannt. Dazu tritt noch das in 1 Kor 7,7 vorgebildete „pragmatische" Argument hinzu, dass die zölibatär lebenden geistlichen Amtsträger „leichter mit ungeteiltem Herzen Christus anhangen und sich freier dem Dienst an Gott und dem Menschen widmen können"[35].

Aus den Reihen der Gläubigen wird diese Sinngebung und ihre biblische Legitimität so gut wie nie in Zweifel gezogen. Dennoch gibt es erhebliche Kritik am Zölibat. Diese richtet sich näherhin darauf, dass die Hochhaltung des Zölibats in der Kirchengeschichte häufig und manchmal auch heute noch zu einem Zeichen für die Geringschätzung oder zumindest Minderwertigkeit von Ehe und Familie geworden ist, mit denen diese Lebensform nun in Konkurrenz steht. Solche Geringschätzung äußert sich heute sicher nur selten manifest, kann sich aber auch hinter klerikalen Verhaltensmustern sowie Wahrnehmungs- und Sensibilitätsdefiziten verbergen. In der sich stark verändernden Gesellschaft kommt möglicherweise gerade den Ehen und den Familien eine prophetische Zeichenhaftigkeit für gelebte Unbedingtheit, Verlässlichkeit und unbeschränkte Solidarität zu.[36]

Zum anderen und wahrscheinlich stärker richtet sich die Kritik am Zölibat auf die Frage, ob der Preis für den Gesetzescharakter des Zölibats nicht unangemessen hoch ist, wenn die gesamte gewachsene Gemeindestruktur auf den Mangel an Personen, die sich zu diesem Charisma berufen fühlen, hin verändert bzw. ausgedünnt wird. Dazu kommt die Wahrnehmung der zahlreichen Fälle von Priestern, die sich auf Dauer von der früher einmal eingegangenen Verpflichtung überfordert fühlen und deshalb krank oder einsam werden oder unter oft unwürdigen Bedingungen heimliche Beziehungen unterhalten.

Kapitel 8:
Normen, Werte, Lebensformen

Liebe ist zwar eine zentrale Voraussetzung für Beziehungen, die sich auch sexuell ausdrücken; aber sie reicht als Bezugsgröße nicht aus, um alle Fragen, die sich bezüglich der vielen Handlungsmöglichkeiten, Motivationen, Umstände, Konkurrenzen und Konflikte stellen können, zu beantworten. Davon abgesehen, dass „Liebe" nicht eindeutig ist, sondern sich in mehreren Formen manifestieren kann (vgl. 6.3), hat es sich im Verlauf der früheren Überlegungen gezeigt, dass neben der Liebe auch andere Verbindlichkeiten bestehen, wie das am Beispiel der Verpflichtung, auch den Liebespartner trotz aller Nähe, Hingabebereitschaft und unter Umständen sogar Abhängigkeit als Zweck an sich selbst zu achten, aufgezeigt wurde (6.7).

Im Folgenden geht es darüber hinaus darum, die umschriebene Leitvorstellung von Liebesbeziehung, die sexuelle Intimität einschließt, oder von beziehungskonformer und beziehungsvertiefender Sexualität näher zu spezifizieren. Was herausgearbeitet werden soll, sind also inhaltliche Umschreibungen von Verbindlichkeiten, die einerseits als positive Orientierungen für eine Gestaltung des Beziehungslebens, das zum Gelingen führt, taugen und andererseits als Kriterien dafür dienen können, wie partnerschaftliches Miteinander, das auch in und mithilfe sexueller Intimität ausgedrückt wird, verantwortungsbewusst gelebt werden kann. Dabei sollen diese Verbindlichkeiten gleichzeitig so offen gefasst sein, dass die Gefahr, wieder in die allzu konkrete Gebotsnormativität von früher zurückzufallen, von vornherein vermieden wird.

Dazu werden zunächst theoretische Überlegungen zu den verschiedenen Arten von Regeln, in denen ethische Verbindlichkeit gefasst werden kann, angestellt, um dann zu versuchen, sie inhaltlich zu umschreiben.

8.1 Normen und Werte

Für die katholische Sexualmoral herkömmlicher Art war es charakteristisch, dass sie ganz konkrete Vorgaben für das Verhalten des Einzelnen im Umgang mit seiner eigenen Sexualität und derjenigen anderer gemacht hat. Diese fordern bzw. verbieten ganz konkrete Handlungsweisen, beispielsweise für das voreheliche Verhalten, bei der Geburtenregelung oder beim Vorliegen einer homosexuellen Neigung. Diese Vorgaben beanspruchten, gültig zu sein – unabhängig vom Kenntnisstand, der Kultur, der persönlichen Lebenslage und der individuellen biographischen Entwicklung.

Für den hierdurch verkörperten Typus von Moral spricht zunächst einmal, dass sich die moralische Güte bzw. Mängelhaftigkeit menschlichen Tuns im konkreten Tun und Lassen entscheidet und nicht in allgemeinen Absichten und der Beschwörung feierlicher Grundsätze. Beides kann sehr vage sein oder im bloß rhetorischen Bekenntnis stecken bleiben. Moralisch gehandelt wird erst dann und dort, wo es wirklich konkret wird. Wie aber kommt man zu solcher Konkretheit moralischen Handelns?

Geschieht das am besten, indem man möglichst konkrete Vorgaben für spezielle Handlungslagen sucht, bejaht und dann in die Tat umsetzt? Oder geschieht es, indem man sich selbst ein Urteil bildet und sich entschließt – unter Einbezug von anerkannten Handlungsregeln, aber auch unter Berücksichtigung der besonderen Gegebenheiten („Umstände") und biographischen Möglichkeiten und Grenzen? Diese Alternative stellt sich meistens nicht theoretisch, sondern ganz praktisch. Etwa wenn wir merken, dass überkommene, ganz konkrete Verbote für die Konstellation, die wir gestalten und in der wir handeln müssen, nicht angemessen sind. Dann steht man plötzlich vor der Entscheidung, sie entweder zu relativieren oder gar aus dem eigenen Orientierungsarsenal zu streichen, *oder* aber sich an den nächsten, übergeordneten Verbindlichkeitspunkt zu halten und zu überlegen, ob nicht hinter den konkreten Formulierungen etwas Allgemeineres steht, was mittels des konkreten Verbots geschützt bzw. gefördert werden soll. Oft sind derartige übergeordnete Verbindlichkeiten in den normativen Äußerungen stillschweigend vorausgesetzt, ohne dass dies dem Adressaten bzw. dem Sprecher ausdrücklich bewusst ist.

Es ist deshalb hilfreich, sich an dieser Stelle vor Augen zu führen, dass es mehrere Sorten von moralischer Verbindlichkeit gibt, die sich nach dem Grad ihrer Konkretheit bzw. ihrer Allgemeinheit unterscheiden. Die eine Seite, also dort, wo die Konkretheit des Bezugs zur Handlungssituation am größten ist, bilden die fallbezogenen moralischen Urteile von Individuen. Ihr entgegengesetzt, mit einem Maximum an Allgemeinheit bzw. völligem Absehen vom Situationsbezug, sind die Werte und Prinzipien zu sehen. Werte sind allgemeine Vorstellungen davon, was in der Lebensführung wichtig und erstrebenswert ist, Prinzipien sind allgemeine Grundsätze für richtiges Handeln. Moralische Normen bilden eine dritte Sorte, die

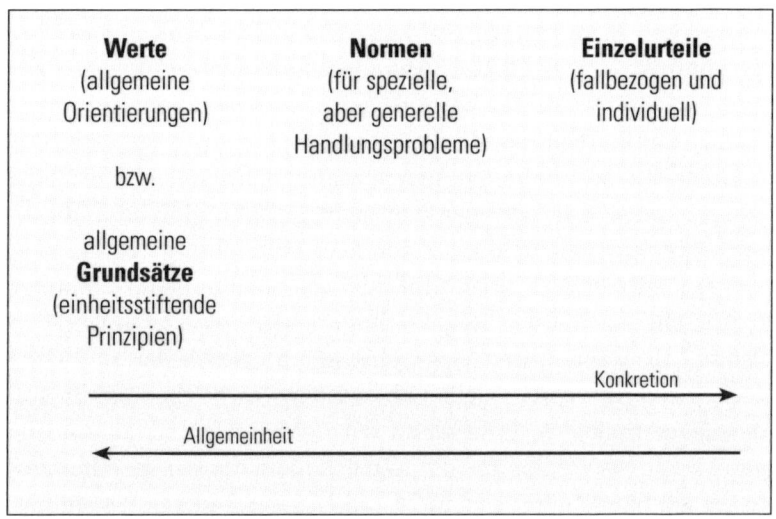

Abb. 5: Formen moralischer Verbindlichkeit

man zwischen den fallbezogenen sittlichen Urteilen und den Werten bzw. Prinzipien anordnen muss. Sie befinden sich gleichsam am Platz dazwischen. Mit den Einzelurteilen haben Normen gemeinsam, dass sie situations- oder rollenspezifisch sind; was sie wiederum den Werten und Prinzipien ähnlicher macht, ist, dass dieser Situationsbezug seinerseits ein generalisierter, also nicht situationsspezifischer, sondern verallgemeinerter ist. Man könnte diese Mittelstellung von Normen auch so umschreiben, dass sie die allgemeinen Werte auf verallgemeinerte Handlungslagen hin konkretisieren.

8.2 Die Zuordnung

Von entscheidender Bedeutung für die Ethik ist nun, wie diese Arten von Verbindlichkeit in der Argumentation einander zugeordnet werden. Es geht also näherhin sowohl um das logische Verhältnis zwischen den generellen Werten und den konkreten Normen als auch um das Verhältnis zwischen den Normen für typische Handlungskonstellationen und den situationsbezogenen sittlichen Urteilen einer bestimmten Person.

In der Ethik gibt es traditionell zwei typische Antworten auf die Frage nach dem Abhängigkeitsverhältnis zwischen den drei Arten von Verbindlichkeit. Die eine lautet: Es besteht ein Verhältnis der *Deduktion*, sodass vom jeweils Allgemeineren auf das Konkretere geschlossen werden kann bzw. muss. Die andere Antwort besagt: Nein, es verhält sich genau umgekehrt. Das Primäre sind die praktischen Erfahrungen und die Urteile in Einzelfällen, aus denen durch Vergleich mit ähnlichen Fällen erst abstrakte Werte bzw. Grundsätze gewonnen werden können. Dieses Verhältnis und Vorgehen bezeichnet man als *induktiv*. Normen sind demzufolge nicht wie bei der Deduktion zwingende und alternativlose Schlussfolgerungen aus Werten bzw. Grundsätzen, sondern nur beispielhafte Regeln, mit denen man im Laufe der Tradition versucht hat, der Verbindlichkeit von Werten und Grundsätzen in typischen Problemsituationen Gestalt zu geben.

Damit zeichnet sich auch ab, dass es zwei naheliegende Gefahren gibt, den Stellenwert konkreter Normen, sexualethischer eingeschlossen, zu über- bzw. zu unterschätzen. Die eine ist die Tendenz, jede aus der Tradition vorgegebene konkrete Norm als ein allgemein und überzeitlich geltendes Prinzip zu behandeln, sodass sich jede legitimierende Rückversicherung erübrigt. Das hat geradezu zwangsläufig die Folge, dass weder die Eigenart der Situation und die Disposition des Handelnden noch auch die Erkenntnisse der Humanwissenschaften, die ihrer je besseren Erfassung dienen, mehr eine konstitutive Rolle für die Argumentation spielen. Die andere Gefahr aber besteht darin, sich auf die fallbezogenen Einzelurteile in ihrer singulären Besonderheit und individuellen Nachvollziehbarkeit zu beschränken und auf eine Zuordnung zu normativen Allgemeingültigkeiten zu verzichten. So wie gegen die Gefahr eines starren Normativismus innerhalb der Moraltheologie seit Jahrzehnten das Gewicht der „Erfahrung" eingefordert wird,[1] gibt es innerhalb der sogenannten angewandten Ethik Bemühungen, die Rolle der Reflexion auf die sogenannten (mittleren) Prinzipien zu stärken[2] bzw. mittels der Skizzierung von Leitbildern und einer historisch und erfahrungswissenschaftlich reformulierten Rede von menschlicher Natur einer Zerfaserung in die Betrachtung von Einzelfällen entgegenzuwirken.

Für das Ausgangsproblem, nämlich die Verhältnisbestimmung zwischen in Regeln gefasster ethischer Verbindlichkeit und situativer Handlungswirklichkeit, werden in der philosophischen Ethik heute noch andere Verfahrensweisen außer den zwei dargestellten diskutiert. Sie werden teilweise in Anlehnung an den Pragmatismus von John Dewey[3] als „Abduktion" charakterisiert oder teilweise mit dem Oberbegriff „Kohärentismus" zusammengefasst.[4] Man kann sie etwas vereinfacht gesehen als komplementäre Verknüpfung des deduktiven (also von Prinzipien bzw. Normen ausgehenden) Ansatzes mit dem induktiven (von der konkreten Situation ausgehenden) ansehen.

Im Kern geht es dabei um einen fortgesetzten methodischen Abgleich zwischen Prinzipien und den Einzelurteilen, in denen sie zur Anwendung gebracht werden, wie er in der „Theorie der Gerechtigkeit" von John Rawls mit dem Bild des Überlegungsgleichgewichts (engl. reflective equilibrium) eindrucksvoll beschrieben wurde.[5] Es findet andauernd eine wechselseitige Korrektur statt, die immer

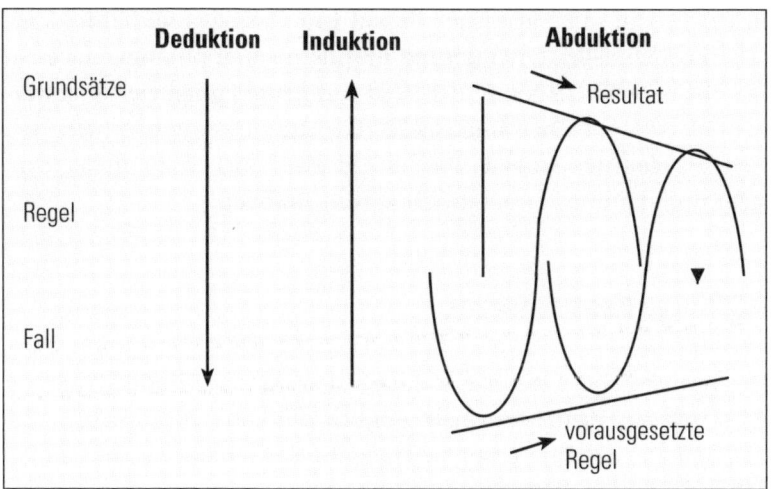

Abb. 6: Möglichkeiten der Zuordnung von allgemeinen Grundsätzen, generellen Normen und fallbezogenen Urteilen

wieder zum Gleichgewicht führt. Voraus geht die Wahrnehmung, Analyse und vorläufige Konturierung einer Lösung des als ethisch identifizierten Problems des konkreten Einzelfalls mithilfe der Prinzipien oder aber mithilfe paradigmatischer Fälle. Gesucht wird eine Lösung, die möglichst optimal auf die Besonderheit des Einzelfalls passt. „Kohärenz" besagt in diesem Zusammenhang, dass der Weg dahin nicht bei der Vergewisserung über oberste Prinzipien startet, aus denen dann die moralischen Normen hergeleitet werden können. Stattdessen wird an schon bestehende Konsense angeknüpft und dann die als relevant eingestuften Überzeugungen und die außermoralischen Erwägungen aus den empirischen Wissenschaften und den subjektiven, aus Erfahrung resultierenden Präferenzen des betreffenden Individuums zusammengefügt, aber eben so, dass nicht heillose Konfusion und Widersprüchlichkeit entsteht, sondern argumentative Kohärenz.

Gleich ob man sich eine der den Oberbegriffen Abduktion bzw. Kohärentismus zugerechneten Theorien zu eigen macht oder nicht, weist diese ganze Auseinandersetzung, die in der sogenannten Angewandten Ethik auch politische und rechtliche Relevanz bekommt, in jedem Fall mit Nachdruck darauf hin, dass das Verhältnis zwischen prinzipieller Orientierung und dem situationsangemessenen Handeln des Einzelnen in der Welt von heute komplizierter geworden ist, als es früher vorausgesetzt wurde. Das ist psychologisch und soziologisch evident, aber es gilt eben auch in logischer Hinsicht und damit auch in ethisch-argumentativer.

8.3 Einige Konsequenzen

Die nächste Folge aus dieser größer gewordenen Komplexität ist, dass sich aus Prinzipien nicht einfach die konkreten Normen für das richtige und das verbotene Handeln ableiten lassen. Und umgekehrt dürfen konkrete Normen, die unter bestimmten Erkenntnisbedingungen in der Vergangenheit gewonnen und formuliert wurden, nicht ohne Weiteres als für immer und ausnahmslos gültige Prinzipien genommen werden.

Eine weitere Konsequenz betrifft den Stellenwert der Prinzipien. Sie werden nicht entbehrlich, etwa weil sie zu allgemein wären. Vielmehr sind sie gleichsam Behälter, in denen Bewährtes, das Substanzielle der ethischen Tradition, gefasst und über die Zeit weitergereicht und genutzt werden kann als Fundus von festgehaltener Erfahrung und als Vorrat an Kriterien. Aber sie müssen, um Relevanz entfalten zu können, noch durch Normen und fallbezogene Urteile operationalisiert werden. Sie sind nicht absolut (wörtlich = „losgelöst") gegenüber den konkreten Bedingungen, unter denen sie realisiert werden können. „Rein" können sie nur theoretisch erkannt bzw. rekonstruiert werden, aber kaum auch praktisch befolgt und handelnd umgesetzt werden. Das liegt nicht nur daran, dass sich die Realität, angesichts derer gehandelt werden muss, oft selber als widersprüchlich erweist, sondern auch daran, dass menschliches Handeln so gut wie immer gleichzeitig von mehreren Prinzipien eingefordert wird. Jedem von diesen könnte nur dann ganz entsprochen werden, wenn die anderen in ihrem Anspruch zurückgesetzt würden. Das Ringen um den Ausstieg der Katholischen Kirche aus der staatlichen Schwangerenkonfliktberatung im Jahr 1999 kann als exemplarisch für diesen Konflikt zwischen zwei Prinzipien, in diesem Fall dem des Schutzes des ungeborenen Lebens und dem der Hilfe für die Schwangeren in einer Konfliktsituation, und als eine Entscheidung dieses Konflikts zugunsten des einen Prinzips unter Hintanstellung des anderen interpretiert werden. Die Konzentration auf die Grundsätzlichkeit des als verpflichtend erkannten Prinzips erlaubt dann wohl ein starkes, sogar kompromissloses Bekenntnis mit Zeichencharakter, nimmt aber für diese Deutlichkeit in Kauf, dass Möglichkeiten zu helfen ungenutzt bleiben. Analogien zum Umgang mit den wiederverheirateten Geschiedenen drängen sich auf. Deshalb weckt es Erwartungen, wenn jetzt Papst Franziskus in dem Apostolischen Schreiben *Evangelii Gaudium* in starken Bildern die Kirche dazu aufruft, „nicht auf das mögliche Gute"[6] zu verzichten, auch wenn das missionarische Herz dabei „Gefahr läuft, sich mit dem Schlamm der Straße zu beschmutzen", und mit Nachdruck fordert, dass „auch die Türen der Sakramente [...] nicht aus irgendeinem beliebigen Grund geschlossen werden"[7] dürften.

Schließlich hat das Ernst-Nehmen der gegenseitigen Angewiesenheit von Prinzipien und Situationen auch zur Folge, dass nicht mehr so rasch und eindeutig in gute und in schlechte Handlungen und Lebensverhältnisse sortiert werden kann. Die binären Gegensätze von gut und schlecht, wahr und unwahr, richtig und falsch, menschenwürdig und menschenverachtend behalten wohl ihren Sinn und ihre Berechtigung. Aber sie werden unzulässig vereinfachend und ohne Rücksicht auf die Wirklichkeit der Lebensgeschichte wie auch der vielfältigen Situationen in Anspruch genommen, wenn sie einfach mit dem Gegensatz von regelentsprechend und regelwidrig gleichgesetzt werden. Eine derartige Gleichsetzung wird durch die (noch?) gängige Sprachregelung kirchlicher Dokumente, alle Konstellationen, die nicht dem Ideal entsprechen, als „irregulär" zu charakterisieren, zumindest nahegelegt.

Diese Art der moralisch aufgeladenen Unterscheidung überblendet nach der treffenden Beobachtung des Bischofs von Antwerpen, Johan Bonny, dass es sich bei den als irregulär klassifizierten Situationen doch meistens um „Gemengelagen" von Situationen handelt, die aber keineswegs verhindern, dass sich Familienmitglieder dennoch unterstützen und gegenseitig wertschätzen.[8] Diese Solidarität würde in der kirchlichen Sicht aber nicht wahrgenommen und die für die betreffende Irregularität vorgesehenen Strafsanktionen einfach exekutiert. Darüber hinaus macht Bonny auf die semantischen Assoziationen aufmerksam, die die kirchenübliche Beschreibung der einzelnen „Irregularitäten" auslöst, und bringt viele Beispiele aus seiner bischöflichen Erfahrung, wie amtliche Formulierungen dann, wenn sie auf eine eigene Lebenssituation angewendet werden, als herabsetzend und verletzend und eben nicht als Ausdruck von Zuwendung, Sich-Kümmern und Sich-Sorgen empfunden werden.[9]

8.4 Inhaltliche Wertorientierungen für die Gestaltung von Beziehungen

Dem Gesagten zufolge lässt sich der inhaltliche Kern einer Beziehungsethik am besten durch ein Ensemble von Wertorientierungen bzw. mittleren Prinzipien erfassen, die umschreiben, woran sich partnerschaftliches Miteinander, das sich auch in sexueller Intimität ausdrückt, ausrichten soll. Es handelt sich dabei um nichts anderes als um den Versuch, Verantwortlichkeit in diesem Bereich näher zu konturieren, aber eben nicht wie in der traditionellen Sexualmoral durch Aufzählung ganz konkreter negativer Grenzlinien, die vermieden werden sollen, sondern durch eine Vorstellung positiver Ziele, die bei der Gestaltung von Liebesbeziehungen Beachtung finden müssen.

Zu diesen Orientierungsgrundsätzen und zugleich Prüfkriterien für die Qualität von Beziehungen gehören unter anderen:
– Aufmerksamkeit für den Partner in seiner Ganzheit: Aufmerksamkeit (oder Achtsamkeit) für den Partner in seiner menschlichen Ganzheit ist wichtig, weil die Macht des eigenen sexuellen Begehrens und die Bedürfnisse, Wünsche und Verletzbarkeiten des Partners nicht automatisch harmonieren, sondern zu jedem Zeitpunkt der Beziehung in den jeweiligen Besonderheiten erst aufeinander abgestimmt werden müssen. Weil sexuelles Handeln lustvolles Erleben verspricht, besteht immer auch die Gefahr, dass

sich der Blick auf die eigenen Bedürfnisse verkürzt und der Partner als Instrument gesehen und benutzt wird. Auch in der Liebesbeziehung bleibt der andere Subjekt von Freiheit und Selbstbestimmung und hat somit trotz des privilegierten Vertrauens, das die sexuelle Beziehung vor allen anderen auszeichnet, Anspruch darauf, nicht gedemütigt oder verletzt zu werden. Es gilt, auf den vom eigenen Handeln betroffenen anderen Rücksicht zu nehmen, und zwar in umfassenderem Sinn: Dazu gehört die Sorge dafür, dass die eigene Befriedigung nicht mit unzumutbarer Enttäuschung oder Trauer des Partners „bezahlt" wird. Dazu gehört die Bereitschaft, Verantwortung dafür zu übernehmen, dass man mit seinem Bedürfnis nach Nähe und Intimität nicht nur in die private Sphäre und Integrität eines konkreten anderen Menschen, sondern auch in dessen Biographie und Lebensplanung eingedrungen ist. Und selbstverständlich gehört zu dieser Aufmerksamkeit auch die Rücksichtnahme darauf, dass ein aus der Beziehung hervorgehendes Kind einen Anspruch darauf hätte, in Verhältnissen aufzuwachsen, in denen es die Chance hätte, von seinen Eltern bejaht, umsorgt und ins Leben begleitet zu werden.

– Behutsamkeit im Umgang miteinander (manchmal auch „Zartheit" im Gegensatz zu Unempfindlichkeit und Dominanzverhalten genannt): Sexualität ist auf das Erleben von Nähe angewiesen, in der sich die Partner miteinander vertraut machen. Nähe und Vertrautheit schließen aber auch ein, dass sich die Partner preisgeben können und verwundbar machen, nicht nur körperlich, sondern auch seelisch und sozial. Erregen und erregt werden, intime Kenntnisse und Gewohnheiten, Erwartungen und Hingabe, Bestimmen und Loslassen, Initiative und Gewähren-Lassen, Suchen und Verstehen-Können lassen ein Spannungsfeld entstehen, in dem infolge der Verschiedenheit der Partner, ihres Empfindens und ihrer Möglichkeiten ein vielfältiges Gefälle an Macht entsteht, das gegen Instrumentalisierung, Ausbeutung, Unterwerfung, Bloßstellung und andere Formen der Fremdbestimmung nicht immun ist. Behutsamkeit benennt die Grundhaltung, dass hier die Erwartungen an das eigene Wohlgefühl auf den anderen abgestimmt und gegebenenfalls moderiert und zurückgenommen, keinesfalls aber mit irgendwelchen Formen von Gewalt durchgesetzt werden sollen.

– Integration in die eigene Identität: Sexualität soll von ihren Akteuren nicht als eine von der übrigen Person abgespaltene triebhaft-naturale Eigensphäre des Erlebens behandelt werden, sondern in das Selbst der jeweiligen Person integriert werden. Integrieren heißt nicht: verleugnen oder unterdrücken, sondern einfügen, zum Bestandteil der Beziehung machen. Nur unter Partnern, die einander auch als Personen annehmen und achten und nicht bloß als Inbegriff des geschlechtlich Begehrten behandeln, kann menschliche Nähe, Überwindung des Alleinseins, Ergänzung und Freundschaft ausgedrückt werden und tatsächlich gelingen.

– Personalisierung: Sexuelle Handlungen und Zeichen sollen nur in einem Rahmen stattfinden, den man als „kommunikative Beziehung" qualifizieren kann. Eine solche fehlt oder ist vorgetäuscht, wo Menschen in ihrem Vertrauen, in ihrer Naivität, ihrer Suche nach Nähe in ihrem sexuellem Potential benutzt oder in ihrer Abhängigkeit ausgebeutet werden, ebenso dort, wo intime Details so isoliert dargestellt werden, dass ihr Zusammenhang und ihre Eingebundenheit in vertrauensvolle Beziehungen verloren geht. Das Erste ist insbesondere bei allen Formen des Missbrauchs von Kindern und Jugendlichen der Fall, das Zweite bei Pornographie, beides zusammen bei Kinderpornographie.

– Wahrhaftigkeit: Wenn die Sexualität eine Art von Sprache ist, dann muss für sie auch die Grundanforderung gelten, die für alles Sprechen gilt, nämlich Wahrhaftigkeit. Wahrhaftigkeit in der Sexualität heißt, dass das, was gegenüber dem Partner leiblich ausgedrückt wird, mit dem übereinstimmt, was intentional gemeint und gewollt ist. Das, was durch sexuelle Zeichen und Gebärden ausgedrückt wird, soll außerdem mit dem Umgang mit dem Partner in den anderen Lebenssituationen stimmig sein. Wenn das nicht der Fall ist, kann die Sexualität genauso wie die gesprochene Sprache dazu dienen, zu täuschen, zu verführen, zu blenden, dem anderen etwas vorzuspielen, sich selbst in ein bestimmtes Licht zu stellen – und das alles, ohne wirklich selbst mit seiner Person dafür einstehen zu wollen. Zur Wahrhaftigkeit gehört auch, dass Versprechen zu halten sind. Wer einem Partner etwas versprochen hat, was dieser zur Basis existenzieller Entscheidungen nimmt, betrügt ihn, wenn er dagegen verstößt.

– Gerechtigkeit: Dieser Grundsatz ist heute für Beziehungen nicht zuletzt deshalb von so großer Bedeutung, weil die Vergangenheit der Sexualmoral weitgehend geprägt war von Vorstellungen, nach denen überall, wo es um das Zusammenwirken von Mann und Frau ging, von der Politik angefangen bis zur Gestaltung der Sexualität, dem Mann die bestimmende und aktive Rolle, der Frau die passive und sich unterordnende zugesprochen wurde – legitimiert aus der Ordnung der Natur und der Abbildlichkeit des sakramentalen Christusbundes.[10] Demgegenüber verlangt das Verständnis der Beziehung unter gleichberechtigten Partnern trotz oder gerade wegen der Verschiedenheit des biologischen Geschlechts die Beachtung der Gegenseitigkeit von Geben und Empfangen, Gestalten und Zulassen, Vertrauen-Dürfen und Verlässlich-sein-Müssen, Fruchtbar-Sein und kontrollierter Elternschaft, individueller Weiterentwicklung und dem Investieren von Zeit, Ressourcen und Arbeitskraft in die gemeinsame Beziehung.

– Kultivierung: Es braucht auch eine Kultivierung der Ausdrucksmöglichkeiten der Sexualität. Sexualität wird nämlich banal, wenn sie auf den Geschlechtsakt und auf die Befriedigung des Triebs reduziert wird. Der Grund hierfür ist, dass sie dann ohne emotionalen und geistigen Aufwand ausgeübt und konsumiert wird. Solche Verkümmerung der Sexualität ist eine Gefahr auch schon für Kinder und erst recht für Jugendliche, die sich als sexuelle Wesen entdecken und mit dieser Entdeckung vielleicht auch Erfahrungen machen wollen. Verkümmerte Formen von Sexualität sind heute andauernd und überall präsent, im Netz, in Filmen und Videos, in Zusammenhang mit touristischen Angeboten, in der Unterhaltung, in der Werbung, in der Berichterstattung über den Jetset und erst recht bei dem Angebot käuflicher Liebe. Um derlei Schablonen sexueller Reize aufbrechen zu können, braucht es das Bemühen um persönliche Echtheit, um angemessenes Sprechen über Sexualität, ein Gespür für die künstleri-

1. Aufmerksamkeit für den Partner in seiner Ganzheit
2. Behutsamkeit im Umgang miteinander
3. Integration in die Identität
4. Personalisierung
5. Wahrhaftigkeit
6. Gerechtigkeit
7. Kultivierung

Abb. 7: Leitorientierungen für Beziehungen

sche Gestaltung des Erotischen, die Entdeckung des Spielerischen
sowie das Bemühen um die Fähigkeit, miteinander zu feiern, und
schließlich auch ein Gespür für Symbole.

8.5 Lebensformen

Die Pluralität pluralistischer Gesellschaften zeigt sich heute in aller
Regel auch in der Mehrzahl der Lebensformen. Diese sind einerseits
gewählt oder angeeignet, sind andererseits aber auch kulturell vorgegeben und geprägte Möglichkeiten für das Zusammenleben, zu
denen jeweils ein ganzes Ensemble von Praktiken, Einstellungen
und Wertorientierungen gehört.[11] Lebensformen sind auch Mo-
dephänomene, teilweise rechtliche Kodifizierungen von Vergemein-
schaftungen und stets soziale Gebilde, aber sie sind darüber hinaus
auch normative Gebilde, die jeweils ganz bestimmte Wertorientierungen, Leitbilder und moralische Normen enthalten, die das soziale Zusammenleben von erwachsenen Individuen, das Verhalten
der Geschlechter, das Leben mit Kindern, den Kontakt und die So-
lidaritätspflichten der Generationen, die Art des Wohnens und die
Versorgung unabhängig von den einzelnen Persönlichkeiten struk-
turieren. Dafür benötigen sie auch bestimmte politische und ökono-

mische Rahmenbedingungen. Lebensformen sind also genauso wie subjektive Überzeugungen, moralische Normen, Wertorientierungen und Prinzipien auch moralische Verbindlichkeiten zur Gestaltung der Lebensführung und der sozialen Praxis. Aber sie sind wesentlich komplexer als diese, in sich zusammenhängend und mit der innewohnenden Tendenz behaftet, zu beharren und sich zu Gewohnheiten zu verfestigen.[12]

Die bekanntesten und häufigsten dieser Lebensformen sind Ehe und Familie. Die Herausbildung des Oberbegriffs „Lebensformen", die beide einschließt, aber auch zum Ausdruck bringt, dass sich das Phänomen nicht in diesen beiden erschöpft, ist selbst eine Reaktion auf die Entstehung zusätzlicher Lebensformen, die zu den etablierten in Konkurrenz stehen. Konkret geht es um die diversen Formen nichtehelichen Zusammenlebens erwachsener Männer und Frauen, um Ein-Eltern-Familien, um Patchwork-Familien mit Kindern aus einer früheren Ehe, um Paare, die gewollt dauerhaft kinderlos bleiben, und um gleichgeschlechtliche Partnerschaften.

Dass das Zusammenleben in diesem Sinn pluraler oder „bunter" geworden ist, ist ein Faktum, das sich nicht bestreiten lässt. Diese Entwicklung lässt sich weder zurücksetzen noch unterdrücken, sie lässt sich wegen der Häufigkeit alternativer Formen aber auch nicht ignorieren. Das betrifft nicht nur Gesellschaft, Staat und Recht, sondern auch die Kirche. Andererseits reicht es im Blick auf Erziehung, Bildung, die Regelung von Unterhalt und die Konfrontation mit den Bräuchen anderer Kulturen eben auch nicht mehr aus, für sämtliche Lebensformen einfach den gleichen Respekt und die Beteiligung an der Sicherung eines konfliktfreien Miteinanders zu fordern.

Wie kann dann mit der Pluralität der partnerschaftlichen Lebensformen und ihren besonderen Bedingungen und Bedürfnissen umgegangen werden, ohne das Risiko, sie zu diskriminieren? Auf der Ebene ihrer geistigen Reflexion und Einschätzung scheint klar zu sein, dass eine mechanische und pauschale Bewertung nach dem Maßstab der kirchenrechtlich gültig geschlossenen Ehe nicht genügen kann, weil es weder der besonderen Vorgeschichte noch auch den individuellen Anstrengungen der Beteiligten gerecht wird. Andererseits ist die Einebnung zu einer Alternative unter mehreren

– verbunden mit der Enthaltung von jeder Bewertung – weder denen, die vor einer Wahl stehen, dienlich noch institutionell ehrlich.

Wie kann dann aber ein überzeugendes Verfahren einer angemessenen theologisch-ethischen Bewertung aussehen? Ein Weg scheint der zu sein, die unterschiedlichen Lebensformen unter der Hinsicht der normativ-ethischen Gehalte, die sie zu verkörpern beanspruchen, miteinander zu vergleichen und zu prüfen, in welchem Maß jede von ihnen geeignet ist, zum Gelingen des Projekts Partnerschaft beizutragen bzw. zu dessen Missglücken zu disponieren. Statt der Zuteilung eines Qualitätssiegels „gut" oder „schlecht" wird das Ergebnis einer solchen Untersuchung nur ein besseres oder schlechteres, ein mehr oder weniger angemessenes sein können. Für die Würdigung wie auch für die Verbesserung und Steigerung eignen sich auf der Grundlage dessen, was zur Rechtfertigung der neuen und zur Kritik an den etablierten Lebensformen beigebracht wird, als Kriterien insbesondere:

- die wechselseitige Zuneigung,
- die solidarische Verbundenheit über das Jetzt hinaus,
- Verantwortung für Elternschaft,
- Selbstbestimmung,
- Sorge für das Wohl des Kindes,
- die öffentliche Anerkennung.[13]

Kapitel 9:
Kommunikation über Moral im Raum der Kirche

Wann immer die Sexualmoral der katholischen Kirche zum Gegenstand unzensierter Kritik wird, etwa im Kontext von Umfragen oder aus Anlass der Kommentierung von offiziellen Stellungnahmen in den Medien, geraten nicht nur einzelne inhaltliche Positionen, die vertreten werden, ins Visier der Kritik, sondern auch die Art, wie die eingenommenen Positionen zustande gekommen sind und der Öffentlichkeit als die Standpunkte „der" Katholischen Kirche präsentiert werden. Gern wird diese Art der Kommunikation über Moral mit dem Schlagwort „autoritär" gekennzeichnet. Damit soll zum Ausdruck gebracht werden, dass dieses Sprechen in der Form einer Vorgabe erfolgt, die „von oben nach unten", das heißt also vom Lehramt an die Gläubigen gerichtet ist und mit dem Anspruch versehen ist, beachtet, innerlich bejaht und äußerlich in die Tat umgesetzt zu werden.

Diese Charakterisierung als autoritär bzw. in abgemilderter Version als „autoritativer Ansatz", wie sie auch in der offiziellen bischöflichen Auswertung der ersten Fragebogenaktion des Vatikans zur Bischofssynode als eines der übereinstimmenden Merkmale in den Antworten festgehalten ist,[1] deutet den Gegensatz an, der von vielen im Vergleich zu dem, was sie gewohnt sind und erwarten, empfunden wird. Diese Erwartung wird häufig mit „demokratisch" chiffriert, obschon die meisten kritischen Stimmen sehr wohl zwischen kirchlicher Verständigung über den Glauben und demokratischer

Entscheidungsfindung im Staat zu unterscheiden wissen. Trotzdem halten sie einen anderen Modus moralischen Sprechens für dringlich, und zwar nicht nur aus dem Grund, um die Dissonanzen zwischen Gesellschaft und Kirche bei der Findung moralischer Normen nicht zu groß werden zu lassen, sondern auch aus genuin theologischen Überlegungen.

Auf diese gilt es – nach Darstellung des bisher dominierenden Typs kirchlich-moralischer Kommunikation – im Folgenden das Augenmerk zu richten. Zum Schluss dieses Kapitels soll dann auch die Frage bedacht werden, wo die moralischen Standards in die soziale Realität implementiert werden können.

9.1 Moral lehren im Modus der Instruktion

Der dominierende Typus, in dem Moral in der Katholischen Kirche thematisiert wird, ist die Lehre. Seinen Ausdruck und Niederschlag findet dieser Typus in päpstlichen Enzykliken und apostolischen Schreiben sowie in Verlautbarungen der Glaubenskongregation, die den bezeichnenden Titel „Instruktion" tragen, im Deutschen mit „Erklärung" wiedergegeben. Gemeint ist mit „instructio" eine Mitteilung, Darlegung, Unterrichtung oder Information, die teils ausdrücklich an die Bischöfe als der nach dem Papst nächsten Stufe der Hierarchie adressiert ist, aber eigentlich die ganze Kirche und die größere Öffentlichkeit meint. In jüngerer Zeit richten sich Instruktionen auch ganz ausdrücklich an „die Gläubigen und an alle wahrheitssuchenden Menschen"[2]. Insofern trifft man das Selbstverständnis dieser Textgattung wohl am genauesten, wenn man „instructio" mit dem in der Sprache der staatlichen Verwaltung üblichen Terminus „Bekanntmachung" übersetzt.

Inhaltlich geht es in den Instruktionen um konkrete, als bedenklich eingeschätzte Entwicklungen,[3] um irrige Meinungen und sich daraus ergebende falsche Verhaltensweisen[4] oder aber um moralische Fragen, die durch die Einführung neuer Technologien aufgeworfen werden und die neue Antworten erfordern.[5] Die Antworten, die gegeben werden, verstehen sich explizit als allgemeingültige

Lehraussagen zu den aufgeworfenen konkreten Einzelfragen. Die Beurteilung dieser Probleme nach persönlichem Belieben wird konsequenterweise scharf abgelehnt. Es geht aber auch nicht nur um Gesichtspunkte und Hilfen für die individuelle oder gemeinschaftliche Urteilsbildung, sondern um Kundgabe und öffentliche Bekanntgabe sprachlich gefasster Positionen, die als in sich stringent und zu Ende entwickelt gemeint sind und als aus Anlass der aufgeworfenen Frage herausgearbeitetes Element der kirchlichen Lehre Zustimmung verlangen. Als Motivation und Berechtigung, dass solches Reagieren auf Erfahrungen der Gegenwart erfolgt, wird auf die Verpflichtung verwiesen, die aus dem Hirtenamt der Bischöfe folgt, und auf die Gewissensnot der Gläubigen, die den Verantwortlichen anvertraut sind. Die so legitimierte Autorität, die die „Erklärung" produziert hat, macht diese öffentlich bekannt mit der Erwartung, dass die Kenntnisnahme der Doktrin durch die Adressaten zur Aneignung und Rezeption führt. Soweit sich im Kopf des Lesers schon falsche Auffassungen festgesetzt haben sollten, sollen diese durch die richtigen ersetzt werden; soweit aber Meinungen zu den behandelnden Fragen noch nicht gebildet wurden, sollen die Texte gewährleisten, dass von jetzt an gewusst wird, welche Positionen man als gläubiger Christ bzw. als katholischer Politiker[6] in den betreffenden Fragen einzunehmen bzw. zur praktischen Richtschnur zu nehmen hat.

Es liegt nahe, dass in derartigen Texten, die auf neue Herausforderungen und gesellschaftliche Entwicklungen reagieren, die bisher Geltendes oder wenigstens Übliches erschüttern, eine starke Neigung besteht, vor Gefahren zu warnen. Und zwar aus dem Grund, dass es die abweichende Wirklichkeit, mit der angemessen umzugehen der Text anleiten will, ja bereits gibt.

Zum Selbstverständnis einer solchermaßen als lehrbare Doktrin begriffenen Moral passen auch die Metaphern, mit denen die Rolle der Kirche verbildlicht wird. Sie erscheint nämlich an prominenter Stelle entsprechender Dokumente wie bereits früher erwähnt als „Lehrerin" bzw. „Meisterin"[7] und als „Expertin der Menschlichkeit"[8].

9.2 Narrative Formen der Moralkommunikation in der kirchlichen Tradition

Die starke Konzentration auf die Doktrin gerade in Fragen der Moral hat sich erst seit der Mitte des 19. Jahrhunderts in der heute bekannten Form herausgebildet und dürfte einerseits mit der konfessionellen Abgrenzung zusammenhängen, andererseits aber eine Reaktion sein auf die Notwendigkeit, sich aus der Position einer gesellschaftlichen und politischen Subkultur heraus nur durch einen hohen Homogenitätsgrad als stark erweisen zu können. Im Zuge dieser Entwicklung sind erzählerische Formen der Moralkommunikation, die in der Theologie- und Frömmigkeitsgeschichte auch eine wichtige Rolle gespielt haben, zwar nicht verschwunden, haben aber im kirchlichen System an Bedeutung verloren bzw. wurden sehr stark auf die Rolle des pädagogischen Zuarbeitens beschränkt. Dies hängt auch damit zusammen, dass diese Art von Kommunikation liquider (da mündlich) und passagerer ist als diejenige, die sich auf gedruckte Texte stützen kann, die unter heutigen Bedingungen praktisch omnipräsent und nachhaltig verfügbar und damit den mündlichen Formen gegenüber im Vorteil sind.

Das gilt vor allem für:

– das Nacherzählen und Kommentieren biblischer Geschichten mit moralrelevanten Inhalten als Instrument der Selbstreflexion Gläubiger,
– die Verwendung der Heiligenviten als Exempel christlicher Lebensführung,
– die Besprechung des eigenen Lebens (wenigstens ausschnittsweise) im Bekenntnis im Rahmen des Beichtinstituts.

An diese Tradition narrativer Ethik in der eigenen Geschichte zu erinnern, verfolgt nicht das Ziel, die Rückkehr zu diesen Formen als zukunftsträchtige Alternative zu wählen. Denn mit jeder der genannten Formen verbinden sich auch spezifische Schwierigkeiten und Probleme, gerade auch was die Sexualmoral angeht. Auf sie zu setzen wäre also allenfalls in Kombination mit einer kritischen Erhebung ihrer Folgen und Gefahren denkbar. Dennoch sind sie ein starker Hinweis darauf, dass es in der Tradition auch Formen der kirchlichen Moralkommunikation gegeben hat, die nicht doktrinärer, sondern eben narrativer Art waren. Denn in all diesen Erzählungen geht es um gelingendes bzw. misslingendes Leben. Aber es werden keine Normen deduziert, wer wie handeln muss, oder wer gegen welche Regeln verstoßen hat. Vielmehr handelt es sich um Beispielgeschichten, in deren „Spiegel" Menschen über ihr Leben nachdenken und es ggf. kritisieren können. Manche von ihnen, vor allem Geschichten aus der Bibel, sind mit der Zeit auch als legitimierende Lehr-Geschichten verwendet worden.

Möglicherweise müssen gerade solche Wege, das eigene Leben mit seinen Orientierungsversuchen, seinen Abgründen und Fragen zu erzählen, wieder neu entdeckt und gestärkt werden. Mit Beratungseinrichtungen, institutionalisierter Fallbesprechung, Selbsthilfegruppen und klinischen Ethikkomitees stehen durchaus Institutionen[9] zur Verfügung, durch die wenigstens jene Lebensgeschichten und Episoden, die mit Leid und Konflikten verbunden sind, auch und gerade was Beziehungen und die Rolle der Sexualität in ihnen betrifft, von ihren Subjekten selbst zur Sprache gebracht oder von Dritten beschrieben oder reflektiert werden können. Dabei geht es allerdings stets um Einzelfälle und nicht um die Allgemeingültigkeit von Antwortmustern.

9.3 Die ekklesiologische Dringlichkeit einer partizipativen Struktur von Moralkommunikation

Nach dem alten Kodex des kanonischen Rechts, der bis 1983 gegolten hat, bestand die Kirche – vereinfacht gesagt – aus Klerikern und Laien. Dabei waren jedoch die Gewichte so verteilt, dass die Laien durch ihr Nicht-Kleriker-Sein definiert wurden. Folglich bedurfte es lediglich zweier von insgesamt weit mehr als 2000 Paragraphen, um deren Stellung rechtlich zu umschreiben.

Das II. Vatikanum hat im Vergleich zu dieser Zweiteilung eine ganz andere Perspektive eingenommen: Es wollte die Kirche nämlich von Grund auf als Gemeinschaft begreifen. Und in dieser Gemeinschaft seien alle Mitglieder zunächst einmal Brüder und

Schwestern, die miteinander auf dem Wege sind. Alle Gläubigen hätten als Getaufte und Gefirmte Anteil am Priestertum Christi. Und erst dann gebe es auch die besonderen Funktionen und Ämter.[10] Das heißt, umgekehrt gelesen: Die Kirche soll von all ihren Mitgliedern getragen sein; und: Alle sind zuständig für ihre Sendung, alle sind „berufen", an ihrem Platz und mit ihren besonderen Möglichkeiten die Hoffnung des Glaubens zu bezeugen, im Tun wie auch im Wort. Solche Mitwirkung an der Sendung der Kirche ist dem Verständnis des Konzils zufolge Pflicht und Recht.[11] Das ist in einem eigenen Dekret über das Apostolat der Laien festgehalten und ausgeführt worden.[12]

Es widerspricht diesem Verständnis also, wenn die Kirche sich in ihrem inneren Leben nach dem Modell organisiert, dass es an der Spitze eine Amtselite bzw. auch eine Behörde gibt, die alles bestimmt, und an der Basis die Masse der Gläubigen, die „nur" als Empfänger von Weisungen und als ausführende Praktizierende angesehen oder behandelt werden.

Das gilt für alle Bereiche, auch für die Moral, und erst recht, wenn es um die evangeliumsgemäße Gestaltung von Partnerschaft, Familie und Sexualität geht. Auch Laien haben eine Berufung[13], partizipieren am dreifachen Amt Christi[14], haben ein sittliches Gewissen[15], vermögen sittlich zu urteilen[16], haben spezifische Kenntnisse von den Lebensverhältnissen[17], sind in der Lage, Verantwortung zu übernehmen[18], und müssen deshalb von den Inhabern des kirchlichen Lehramts zurate gezogen werden[19].

Deshalb passt es zur skizzierten Vision des gemeinschaftlichen Suchens nach Werten und Zielen und zur Wertschätzung der unterschiedlichen Fähigkeiten der Mitglieder schlecht, wenn das Sprechen über Moralisches nur von oben nach unten erfolgt und sich die einzelnen Gläubigen in ihren eigenen Überzeugungen und Fähigkeiten zur Erkenntnis, in ihrem Willen, das eigene Leben zu gestalten und zum gemeinsamen Leben beizutragen, aber auch in der Bereitschaft, sich mit anderen Mitchristen über die Deutung der Wirklichkeit und über die veränderten Sichtweisen auszutauschen, von den Verantwortlichen nicht wahr- und ernst genommen empfinden.

9.4 „Dialog" als Chiffre für eine nichtdoktrinäre öffentliche Kommunikation

Die erklärte Absicht, Richtpunkte für eine Lebensführung aus dem Geist des Evangeliums nicht einfach einseitig durch die Amtsautorität den zahlreichen Mitgliedern der Kirche und darüber hinaus der Öffentlichkeit vorzugeben, sondern auch die Erfahrungen und Sichtweisen des ganzen Volkes Gottes einfließen und mitsprechen zu lassen, ist zunächst einmal eine Vision und ein Programm. Dessen Umsetzung hat auf allen kirchlichen Ebenen bis hinunter zur Pfarrgemeinde Konsequenzen. Als eine Methode wird allseits der Dialog empfohlen. Bei aller Unschärfe dieses Begriffs lässt diese Empfehlung immerhin zwei Sachverhalte nicht im Unklaren: nämlich zum einen, dass es nicht nur eine Vielzahl von Überzeugungsträgern gibt, sondern auch eine Mehrzahl von Meinungen, und dass damit auch mit Dissens in moralischen Fragen zu rechnen ist. Zum anderen kann dieser Dissens eben nicht wie im Staat durch demokratische Mehrheitsabstimmungen weggeräumt werden. Vielmehr soll – in Respekt vor dem je persönlichen Suchen der Gläubigen und rücksichtsvoll – nach größtmöglicher Übereinstimmung gesucht werden.

Solches „dialogische" Verfahren zur Konsenssuche ist anspruchsvoll und mühsam. Aber es bietet auch die Chance, dass Sachwissen, allgemein anerkannte ethische Prinzipien, Lebenserfahrung, die Perspektive der Betroffenen und die Kraft der Argumente zum Zuge kommen können. Es macht die Autorität von Amtsträgern und Experten und den Anschluss an den Strom der Tradition nicht einfach entbehrlich oder sinnlos, verlangt aber wohl von Amtsträgern und Experten die Bereitschaft zur Beratung und den Willen, sich auseinanderzusetzen und sich zu verständigen auf der Grundlage rationalen Argumentierens einschließlich der Bereitschaft, die eigene Position und die der Tradition zu hinterfragen. Beratungsprozesse entgleisen jedoch, wenn sie als Bühne zur Selbstdarstellung benutzt werden oder wenn das Ziel verfolgt wird, eine bereits feststehende Meinung durch Abgrenzungen zu verdeutlichen oder nach Möglichkeit durchzusetzen. Ungleich wichtiger als das Definieren (wörtlich: das Festlegen von Grenzen) ist als Ergebnis einer solchen Beratung das Reflektieren, das Beurteilen-Können, das Einsicht-Schaffen, das Orientieren und Begleiten auf dem Lebensweg sowie die Ermutigung. Nicht zufällig sind das auch gerade die Zielsetzungen, die in vielen Antworten auf die beiden Fragenkataloge des Vatikans zur Vorbereitung der Bischofssynode immer wieder als Erwartungen geäußert wurden.[20] Entscheidende Beiträge dazu erkennt man in der eigenen Tradition des Rat-Gebens als genuiner Aufgabe von Moralverkündigung, Pastoral und spiritueller Begleitung sowie in der als Folge der Beratungen der Gemeinsamen Synode institutionalisierten Praxis der Ehe-, Familien- und Lebensberatung.[21]

Dass bei einer solchen Verfahrensweise am Ende auch ein Rest von Dissens übrig bleiben kann, ist nicht auszuschließen. Das II. Vatikanum hat diese Möglichkeit gerade bezüglich sozialethischer Fragestellungen übrigens hellsichtig selbst angesprochen.[22] Das macht Ernst damit, dass der Erkenntnisprozess nie definitiv abgeschlossen ist.

9.5 Implementierung in unterschiedliche Geltungssphären

Die Beziehungsethik kann wissenschaftstheoretisch als Angewandte Ethik für den Lebensbereich „Beziehungen im Nahbereich, Ehe, Familie und Sexualität" systematisiert werden. Neben ihr gibt es noch weitere sogenannte Bereichsethiken, etwa für den Bereich von Krankheits- und Gesundheitswesen, der Wirtschaft, der Politik, der Forschung, der internationalen Beziehungen usw.

Quer zu dieser Ausdifferenzierung in Bereichsethiken, die als eine Reaktion der Philosophischen und der Theologischen Ethik auf die Zunahme des Sachwissens und der gewachsenen Komplexität verstanden werden kann,[23] hat sich in den letzten Jahren auch eine Ausdifferenzierung in verschiedene Geltungssphären als notwendig herausgestellt. Mit „Geltungssphären" sind hierbei die Räume gemeint, für die spezifische normative Standards gelten.[24]

In der Tradition richteten sich die sexualmoralischen Normen selbstverständlich und fast ausschließlich an die einzelnen Individuen selbst sowie an diese in ihren Interaktionen. Nur soweit die privaten Interaktionen auch der öffentlichen Anerkennung und des Schutzes bedurften, konnte auch das Recht als eigenständige und mit Durchsetzungsmacht ausgestattete Geltungssphäre, die mit der Sittlichkeit interferiert, in den Blick kommen.

Es waren vor allem die Aufdeckung der zahlreichen Fälle von sexuellem Missbrauch von Anvertrauten und die Diskussionen, die sich darüber gesellschaftsweit entwickelt haben, die erkennen ließen, dass in der bisherigen sexualethischen Reflexion wenigstens zwei weitere Sphären unterbestimmt geblieben waren, nämlich die Aufgaben und Pflichten, die jemand als Inhaber einer Rolle bzw. als Angehöriger bestimmter Berufsgruppen wie Erzieher, Pflegende, Sozialarbeiter, Seelsorger und andere zugewiesen bekommt (durch Gewohnheit, durch Versprechen, durch Mitgliedschaft), und die Richtlinien zur internen Steuerung der Organisationen, in denen Erziehung, Pflege, Sozialarbeit, Seelsorge und Ähnliches erbracht wird.

Verstöße, die in beiden Sphären zunächst als Einzelfälle bekannt geworden sind, sich aber dann bei intensiverer Untersuchung als systemspezifisch herausgestellt haben, haben zur Entwicklung von normativen Leitbildern, ethischen Verhaltenskodizes für Mitarbeiter und Regelwerken genötigt, die zur Beachtung bestimmter ethischer Minimalstandards verpflichten und deren Einhaltung auch überprüft werden kann. Solche meist organisationsinterne oder aber mithilfe professioneller Berater erstellten Compliance-Regelwerke umfassen sowohl das Verhalten der Einzelnen als Rollenträger und als Träger von Führungsaufgaben als auch die Sicherung von Prozessen der Problemlösung, Entscheidungsfindung und Erneuerung, ebenso die Etablierung von Maßnahmen zur frühzeitigen Verhinderung von Fehlverhalten sowie von Verfahrensweisen für die Fälle, wo Derartiges dennoch geschieht. Auch in vielen kirchlichen Organisationen sind seither Strukturen von Organisationsverantwortung aufgebaut worden.[25]

Sozusagen von der anderen Seite her, also von den Betroffenen, erweist es sich als wichtig, Kinder und Jugendliche sexualpädagogisch zu informieren und zu begleiten, die im Begriff sind, Sexualität und Beziehungen, die über die Familie hinausgehen, als Dimension ihres Daseins zu entdecken. Ihre Entwicklung ist auf die Zukunft hin besonders offen, weshalb es darauf ankommt, ihnen ein stabiles und emotional förderndes Umfeld zu geben, aber auch ihre Offenheit und Unerfahrenheit vor Ausbeutung, Verführung und Fremdsteuerung durch andere zu schützen. Wegen ihrer besonderen Verletzlichkeit genügt gerade nicht, was sonst oft als wichtigstes Kriterium für verantwortbare sexuelle Beziehungen zwischen Erwachsenen gilt, nämlich gegenseitige Einvernehmlichkeit. Die Achtung vor der Person des Kindes in seiner Entwicklungsfähigkeit und Offenheit für die Zukunft verlangt vielmehr, dass seine Interessen und Optionen davor geschützt werden, von anderen, die ihm aufgrund pädagogischer Zielsetzungen nahe kommen, sexuell instrumentalisiert zu werden. Es gehört zur Professionalität pädagogischer, therapeutischer und auch pastoraler Berufe, dass die Grenzen des Vertrauens, die hinsichtlich der kompetenzbedingten Überlegenheit eingeräumt oder vorausgesetzt werden, nicht hin zu sexuell getönter Vertraulichkeit überschritten werden.

Kapitel 10:
Beständigkeit oder Veränderung?

Die Frage, ob in der Kirche, in ihrer Lehre, in ihrer Disziplin und in ihren moralischen Bewertungen Veränderungen stattfinden dürfen und wie sie das gegebenenfalls könnten, spielt in den gegenwärtigen Debatten um Ehe, Familie und Sexualität eine wichtige Rolle. Naturgemäß nicht bei denen, die mit solchen Veränderungen gar keine Probleme haben oder für die gerade die Bereitschaft der Institution zu Veränderungen ein wichtiges Kriterium für die Lebensrelevanz der Äußerungen und Stellungnahmen darstellt und die an der Rechtfertigung eingeforderter Positionen mit dem Hinweis auf Tradition eher Anstoß nehmen. Dazu gehört sicher die Mehrheit der jüngeren Generation außerhalb und auch innerhalb der Kirche. Sie klassifiziert die offizielle kirchliche Sexualmoral in Umfragen denn auch gern in großer Übereinstimmung als „veraltet"[1] und anachronistisch. Aber es gibt eben auch die Gläubigen und Amtsträger, die befürchten oder gar den Verdacht haben, dass die Morallehre durch die auf Revision zielenden Überlegungen gefährdet oder sogar leichtfertig preisgegeben würde. Manche Älteren verweisen auf die „Kosten", die sie selbst für das Ernst-Nehmen der entsprechenden Positionen in ihrer eigenen Biographie aufwenden mussten. Und viele Bischöfe werden von der Sorge umgetrieben, dass Korrekturen im Bereich der Sexualmoral eine Art Domino-Effekt auslösen könnten, der auch auf andere Bereiche der kirchlichen Moral, des Glaubens und der Disziplin überspringen könnte.

Die Frage nach der Kontinuität bzw. der Diskontinuität, die auf den ersten Blick nur eine zu sein scheint, die vor allem unter sozialpsychologischem Blickwinkel und vielleicht theoretisch interessiert, ist in Wirklichkeit von kirchenpolitisch und theologisch zentraler Bedeutung, weil sie das Selbstverständnis der Theologie als Denkform und die Logik ihres Argumentierens grundsätzlich betrifft.[2]

Das ist der Hintergrund, vor dem in diesem Kapitel aufgezeigt werden soll, welche Wege eingeschlagen werden können, um zu dieser Fragestellung Stellung zu beziehen mit besonderem Blick auf die gegenwärtigen Debatten über den gesamten Komplex kirchlicher Sexualmoral.

10.1 Mängel an Informiertheit und Sprachfähigkeit

Viele Voten zur Situation der kirchlichen Sexualmoral beklagen das Fehlen einer angemessenen Sprache. Damit ist aber nicht ein Mangel an Worten und Begriffen für sexuelle Dinge und Verhaltensweisen gemeint noch auch die Zurückhaltung im Gefolge des Erschreckens über die Missbrauchsfälle. Gemeint ist vielmehr, dass die bisher gewählte Sprache der Enzykliken, Instruktionen, Katechismen, Hirtenbriefe, Ermahnungen, Warnungen und auch Verurteilungen nicht (mehr) funktioniert. Sie erreicht die meisten Adressaten gar nicht, denen sie zugedacht ist; und die, die sie noch erreicht, fühlen sich davon offensichtlich nicht angegangen und berührt.

Viele Verantwortungsträger in der Kirche fordern deshalb, die kirchlichen Standards müssten verständlicher und gewinnender formuliert werden.[3] Auch die *Relatio Synodi* der Außerordentlichen Vollversammlung der Bischofssynode vom Oktober 2014 weist mit Nachdruck auf die Notwendigkeit hin, die Inhalte „in einer erneuerten Sprachgestalt"[4] besser bekannt zu machen, damit die Verkündigung erfahrbar machen könne, „dass das Evangelium der Familie die Antwort auf die tiefsten Erwartungen des Menschen darstellt"[5].

Solchen Empfehlungen liegt die Vorstellung zugrunde, dass es in den kirchlichen Lehrtexten und in den Zeugnissen der Tradition einen gleichbleibenden Inhalt und eine zeitverhaftete und deshalb wandelbare Form gebe, in der dieser Inhalt gleichsam verpackt ist. Worauf es ankommt und was weitergegeben werden müsse, sei der Inhalt. Die Form, in der das geschehe, aber wandle sich und müsse dem aktuellen Denken und dem Empfinden der Adressaten angepasst werden. Besorgtere Stimmen sagen denn auch im Blick auf die Agenda der bevorstehenden Synodenvollsammlung, man könne allenfalls über die pastorale „Anwendung der Lehre" sprechen, nicht aber über deren Inhalte.[6] Daran ist unbezweifelbar richtig, dass Inhalte nur Bedeutung gewinnen können, wenn die Sprache der Verkündigung so gefasst ist, dass die Menschen, an die sie sich richtet, sie auch verstehen können. Insofern ist es wichtig, dass die zentralen Begriffe, auf die die Aussagen und Aufforderungen Bezug nehmen, nicht zu komplex und nicht derart sein dürfen, dass sie ohne spezielle Kenntnisse der Theologiegeschichte nicht verstehbar sind.

Aber das Problem der Sprachlosigkeit reicht viel tiefer, als dass es durch eine ansprechend-einladendere Präsentation behoben werden könnte. Das kann schon daran erkannt werden, dass es auch der vorhergehenden Generation von Seelsorgern, Predigern, Religionslehrern und katholischen Eltern trotz großer Anstrengungen nicht gelungen ist, die entsprechenden Positionen zu vermitteln. Ein gewinnender Gestus schafft Vertrauen zur Person des Sprechers, aber nicht auch inhaltliche Überzeugungen. Dafür braucht es zumindest auch Einsicht aus Erfahrung.

Davon abgesehen geht dieses Modell von Kontinuität davon aus, dass die Normen und Forderungen der eigenen Tradition, die sich aus der Bibel bzw. aus dem Naturrecht rechtfertigen, als fertige, göttlich autorisierte Verhaltensregeln für alle Zeiten in Geltung gesetzt sind. Das aber verträgt sich weder mit den Erkenntnissen über die Eigenart und Entstehung der biblischen Normen noch mit der philosophischen Theorie von der Gründung des vernünftigen menschlichen Handelns in der Vernunftnatur des Menschen und deren Interpretation als Teilhabe an der Vorsehung Gottes nach Thomas von Aquin, die es dem Menschen aufgetragen sein lässt, selbst die konkreten Normen zu finden bzw. zu gestalten, die für einen gedeihlichen und menschengerechten Umgang miteinander förderlich sind.[7] Zutreffend ist, dass das Gesamt der Normen als Ausdruck des Willens Gottes aufgefasst wurde. Aber wie die Normen kulturgeschichtlich im Einzelnen zustande kommen oder auch durch neue, bessere Einsicht korrigiert, neu interpretiert, ergänzt, einem neuen theologischen Leitgedanken unterstellt werden und wie sich dadurch ihr Gewicht verändert, hat für ihre theologische Dignität keine Folgen. Deshalb darf sowohl die kulturgeschichtliche Abhängigkeit der überlieferten traditionellen sexualethischen Normen kritisch überprüft werden als auch das an verbindlicher Orientierung normativ ausgestaltet werden, was nach heutigem Erkenntnisstand als unverzichtbar „für die Sinndeutung der Geschlechtlichkeit wie für die Beziehungen der Geschlechter untereinander"[8] gilt.

10.2 Die Annahme eines Ausnahmefalles

Schon seit Langem und immer wieder haben Moraltheologen[9] im Blick auf die Partner, deren erste Ehe gescheitert ist und die seit geraumer Zeit in einer (kirchenrechtlich nicht anerkannten) zweiten Ehe leben, und deren Zugangsmöglichkeit zu den Sakramenten die Anwendung von Epikie vorgeschlagen. Auch das *Instrumentum laboris* für die vorbereitende Sitzung der Bischofssynode von 2014 erwähnt faktisch diesen Vorschlag,[10] vermeidet allerdings den Begriff.

Die Epikie galt in der Geschichte der Ethik seit Aristoteles als Tugend und wurde von Thomas von Aquin in die Moraltheologie integriert und mit der *aequitas* aus der römisch-rechtlichen Tradition verschmolzen. Auch für die späteren Autoritäten der Moraltheologie wie Francisco Suárez SJ und Alfons M. Liguori spielt sie eine wichtige Rolle.[11]

Epikie anerkennt die Gültigkeit der (rechtlichen bzw. sittlichen) Norm, lässt es aber denkbar erscheinen, dass der Einzelne sie mit Blick auf die Besonderheit seiner konkreten Lebenswirklichkeit berechtigterweise nicht befolgt. Der Gedanke, der zugrunde liegt, ist, dass jede Norm infolge ihres generellen Charakters von den besonderen Handlungsbedingungen absehen und daher im Ausnahmefall verbessert werden muss. Es geht also theoretisch ausgedrückt um die Möglichkeit, dass die Norm dort, wo sie aufgrund ihrer generellen Fassung eine Lücke aufweist,[12] durch ein individuelles Handeln ergänzt werden muss, das wohl ihrem moralischen Sinn, aber eben nicht ihrem Wortlaut entspricht. Es geht also nicht um die Aufhebung der Norm, sondern um ihre Ergänzung aufgrund der Bewertung der besonderen Umstände durch das Gewissen. Die erwähnten Moraltheologen sahen diese Konstellation gegeben, „wo die erste Ehe zwar im äußeren rechtlichen Bereich als gültig und nicht lösbar, im Gewissensbereich aber aufgrund schwerwiegender Mängel oder aus Gründen, die im äußeren Rechtsbereich für eine Ungültigkeitserklärung noch nicht anerkannt werden, für ungültig erachtet wird"[13].

Einer solchen Berufung auf das eigene Gewissen hat Papst Johannes Paul II. allerdings ausdrücklich widersprochen,[14] weil es sich bei der Unauflöslichkeit der sakramentalen Ehe nicht um eine menschliche Norm, sondern um ein göttliches Recht handle. Der Brixener Moraltheologe Martin Lintner hat hierzu in jüngerer Zeit kritisch angemerkt, „dass göttliches Recht [...] in geschichtlich gewachsenen, menschlichen Formulierungen vorliegt und dass diese [...] nicht hinreichend sind, um in jeder, oftmals komplexen und manches Mal außergewöhnlichen Situation den Anspruch des göttlichen Rechts zu wahren"[15].

Es handelt sich also bei der Epikie ebenso wenig wie bei der zuvor beschriebenen pastoral optimierten Anwendung der überkommenen Normen um eine Lösung des Ausgangsproblems Kontinuität/Diskontinuität. Beide Vorschläge gehen vielmehr vom Weitergelten der überlieferten Verhaltensregeln aus und versuchen Innovationen, die sich als unumgänglich aufdrängen, mittels interpretatorischer Anstrengungen auf der Rezipientenseite zu ermöglichen.

Es gibt aber auch Argumentationsweisen, die das Problem von Kontinuität und Diskontinuität, Beständigkeit und Neuheit, Wandel und Bruch grundsätzlicher angehen. Dazu gehören die Erweiterung des Blicks auf den Strom der Tradition, das Prinzip der Gradualität sowie Lernen als Grundaufgabe.

10.3 Die Erweiterung des Blicks auf den Strom der Tradition

Was „die" viel beschworene Lehre der Kirche über Ehe, Familie und Sexualität exakt ausmacht und wo sie zu finden ist, könne „unmöglich durch den Verweis nur auf eine Zeit, auf einen Papst, eine moraltheologische Schule, eine Sprachgruppe, einen Freundeskreis" beantwortet werden, schrieb der Bischof von Antwerpen, Johan Bonny, in einem viel beachteten ausführlichen Statement zur Bischofssynode aus der Perspektive eines westeuropäischen Diözesanbischofs.[16] Positiv gewendet bedeutet das ein Zweifaches, nämlich zum einen, dass das, was in der Kirche gesagt wird, „immer wieder neu im Licht der ganzen Tradition der Kirche verstanden werden muss", weil es sonst zu Einseitigkeiten und Verengungen kommt. Zum anderen bedeutet es, dass sich die Kirche immer wieder auf neue Fragen und Herausforderungen einlassen muss und sich nicht auf den Standpunkt stellen darf, es sei ja alles gesagt und geregelt. In den werbend-beschwörenden Worten des Bischofs hört sich das so an: „Die Lehre der Katholischen Kirche über Ehe und Familie ist in einer *breiten* Tradition zu finden, die im Lauf der Geschichte *immer neu* Form und Inhalt erhalten hat. Diese Entwicklung ist *nicht* zu Ende. Jede Zeit konfrontiert die Kirche mit *neuen Fragen und Herausforderungen*. Sie muss es wagen, ihre Aussagen im Licht der ganzen Tradition [...] *immer wieder neu* zu lesen."[17] Konkret verweist Bischof Bonny auf die Lehre über das Gewissen, auf das Naturrecht, auf die Lehre vom Glaubenssinn und auf die Theologie als jenen Elementen, in denen der Mehrwert der Tradition gegenüber dem, was in den jüngeren Dokumenten des kirchlichen Lehramts gesagt wurde, zu finden sei.

Eine derartige Öffnung für den Reichtum der Tradition steht in Übereinstimmung mit einem der durchgängigen Reformimpulse, der auch das II. Vatikanum bewegt hat, nämlich Erneuerung der Kirche durch *ressourcement,* also durch Rückbesinnung oder Wieder-Entdeckung bzw. noch besser: durch Wieder-Aneignung der vielen und vielstimmigen Quellen, als dem zweiten Leitprinzip des Konzils neben dem *aggiornamento.*[18] Das Bemühen, für notwendig gehaltene Veränderungen als in der Kontinuität mit der Tradition stehend aufzuzeigen, kann sogar dazu führen, dass entsprechende Traditionslinien erst rekonstruiert werden, wie das eindrucksvoll bei der Entstehung der *Erklärung zur Religionsfreiheit* praktiziert wurde. Die feierliche Anerkennung der Religionsfreiheit wurde nämlich nicht nur als Beendigung einer unguten Tradition dargestellt, sondern auch als Frucht einer in der ganzen Kirchengeschichte auch vorhandenen Bemühung um die Respektierung des Glaubensaktes.

Dieser methodische Impuls ist theologisch durchaus wichtig, weil er gleichsam zu einer „Verflüssigung" der Tradition führt. Freilich hat er auch seine Grenzen. Denn er setzt das Verhältnis der vielen Traditionsströme als ein harmonisches voraus. Das erweist sich aber spätestens dann als problematisch, wenn diese Ströme miteinander konkurrieren und Streit darüber entbrennt, welche Tradition etwa der biblischen Intention am nächsten steht. Außerdem gibt es auch fragwürdige Traditionen, die nicht so einfach als solche zu identifizieren sind. Des Weiteren stößt die Bezugnahme auf die Tradition, auch wenn diese in ihrem Reichtum sichtbar wird, immer dann auf Grenzen, wenn Fragen von neuer Qualität oder neuer Gewichtigkeit auftreten. Solche Fragen, bei denen es befremdlich und recht umständlich wäre, die Tradition zu befragen, gibt es auch im Bereich der Beziehungen, etwa die Rolle der Virtualität, die Verfügbarkeit pornographischer Bilder, die Möglichkeit reproduktionsmedizinischer Unterstützung und anderes mehr.

10.4 Gradualität

Eine andere Möglichkeit sowohl der Deutung als auch der konstruktiven Einordnung von Veränderungen, die zugleich an einem gewissen Maß an Selbigkeit festhalten möchte, ist die, die durch das Stichwort „Gradualität" bezeichnet wird. Gradualität (Stufenfolge von lat. *gradus* = Schritt) möchte ernst damit machen, dass sich die Menschen stets in einem Entwicklungsprozess befinden und schon Schritte auf dem richtigen Weg realisieren können, bevor sie ihr

Ziel erreichen, und dies eben auch in der sittlichen Urteilsbildung und im moralischen Lebenswandel. Der Gedanke dahinter ist: Die Normen des sittlichen Handelns stehen eigentlich fest und sind in ihrem Anspruch objektiv unverhandelbar. Aber man muss auch der Tatsache Rechnung tragen, dass die realen Menschen, so wie sie sind, in ihren Fähigkeiten und Möglichkeiten diesen Normen noch nicht oder auch nicht in vollem Umfang entsprechen können. In der Konsequenz erscheint die moralische Qualifizierung von sexuellen Verhaltensweisen, Lebensformen und Beziehungsarrangements als entweder richtig oder falsch, gut oder verwerflich, aber auch regelgerecht oder irregulär als unangemessen und vorschnell, insofern sie eben das erst partiell Gelungene nicht zu würdigen vermag und die Anstrengungen und Bemühungen auf dem Wege übersieht, herabsetzt oder verurteilt. Die Leistung dieser Sicht von Gradualität besteht dementsprechend in der Differenzierung der moralischen Bewertung.

Das Prinzip der Gradualität geht auf die Konzilsdebatte über die Ökumene zurück[19] und wurde in *Familiaris consortio* auf die Pastoral an Eheleuten übertragen.[20] Während hier auf das innere Wachstum der Eheleute im Erkennen und Realisieren der göttlichen Gebote abgehoben wird, zielt die bildhafte Umschreibung dieses Prinzips im Zusammenfassungstext der Synodendebatten von 2014[21] und einer verbreiteten Lesart auf die Wertschätzung der gelebten nichtehelichen Partnerschaftsformen in ihrem Verhältnis zum Ideal der Ehe.

Freilich hat Papst Johannes Paul II. die Inanspruchnahme dieses Prinzips deutlich beschränkt, indem er die Gradualität in der Erfüllung des Gesetzes von der Gradualität des Gesetzes selbst unterschieden wissen wollte;[22] Letzteres wird demnach als kategorisch geltend unterstellt.

Theologisch grundlegender ist das Bedenken, dass diese von einem pädagogischen Impetus getragene Sichtweise trotzdem nur die Kluft zwischen Norm und Praxis betrifft. In der Sache selbst hingegen bleiben die Grundlagen für die Bewertung ebenso unverändert und unproblematisiert wie die Spannung zwischen den offiziell vertretenen Standards und den Überzeugungen der zahllosen

Gläubigen als schuldhaft.[23] Amtlich in der beschriebenen Weise angeeignet, kann dieser Ansatz deshalb durchaus als doppelbödig empfunden werden. Problematisch, weil in ihren Erkenntnisgrundlagen gar nicht näher reflektiert, erscheint aber noch mehr die darin vorausgesetzte bzw. beibehaltene Redeweise von konkreten Verhaltensregeln als Teil des göttlichen Gesetzes und Gebotes Christi. Dabei kommt sowohl die Vorläufigkeit aller Erkenntnisbemühungen hier auf Erden, die kirchlichen mit eingeschlossen, zu wenig zum Ausdruck als auch die Möglichkeit, hinter dem Ideal zurückbleiben, auch wenn die konkreten Normen erfüllt werden.

10.5 Lernen als Grundaufgabe

Kontinuität zwischen sedimentierter Tradition und begründeten Veränderungen entsteht schließlich auch durch Prozesse des Lernens. Wie das Dasein jedes gläubigen Individuums findet nämlich auch die Präsenz der Kirche und ihres Verkündigens und Lehrens im Kontext und unter den Bedingungen von Zeit, Gesellschaft und Kultur statt. Dies ist Konsequenz ihrer inkarnatorischen Struktur. Das bedeutet für die Kirche wie auch für die Theologie, andauernd dazulernen zu können oder auch zu müssen. Der Prozess des Erkennens ist nie endgültig abgeschlossen, wobei er phasenweise eher gemächlich verläuft und phasenweise eher beschleunigt wird. Das heißt nicht, dass alles in Fluss gerät in dem Sinne, dass man zu jedem Zeitpunkt voraussetzungslos neu beginnen könnte. Entwicklung, Veränderung, Fortschreiten sind ja nur sinnvoll als Weiterführung und Transformation von Gedanken, die schon irgendwie da sind. Es gibt verbindliche Anfänge, und es gibt eine spezifische Wirkungsgeschichte, die davon ausgegangen ist. Es gibt im Laufe des Prozesses des Lernens auch bestimmte Erkenntnisse, hinter die man beim Stand des erreichten Wissens und der gemeinsamen Erfahrung nicht mehr zurückkann.

Dass dieses Lernen nicht nur durch die immer neue Aneignung des Ursprungs stattfinden kann, sondern eben auch im Austausch mit der Entwicklung der Menschheit und der diversen Kulturen, hat das II. Vatikanum in der Pastoralkonstitution eindrucksvoll ausgesprochen und sich affirmativ zu Bewusstsein gebracht:[24] Unter der Überschrift „Die Hilfe, die die Kirche von der heutigen Welt erfährt" wird die Aufnahme der Vorstellungswelt und der Sprache der verschiedenen Völker sowie der Weisheit der Philosophen als „ein Gesetz aller Evangelisation"[25] genannt. Explizit bekennt sich die Kirche an dieser Stelle zur „Möglichkeit und Tatsache einer Bereicherung" durch die Entwicklung des gesellschaftlichen Lebens. „Wer [...] die menschliche Gemeinschaft auf der Ebene der Familie, der Kultur, des wirtschaftlichen und sozialen Lebens, der nationalen und internationalen Politik voranbringt, leistet nach dem Plan Gottes auch der kirchlichen Gemeinschaft, soweit diese von äußeren Bedingungen abhängt, eine nicht unbedeutende Hilfe."[26]

Das Lernen muss also als ekklesiologische und theologische Grundaufgabe begriffen werden, die so wesentlich ist, dass Kirche ohne sie nicht sein könnte, was sie von ihrem Selbstverständnis her sein möchte, nämlich Sakrament für die Welt, „das heißt Zeichen und Werkzeug für die innigste Vereinigung mit Gott wie für die Einheit der ganzen Menschheit"[27]. Kriterium der theologischen Legitimität der von ihr verkündeten Forderungen ist nicht der lückenlose, möglichst auch verbale Einklang mit der Tradition, sondern die Sensibilität für die „Freude und Hoffnung, Trauer und Angst der Menschen von heute, besonders der Armen und Bedrängten"[28], den Blick auf Jesus gerichtet, wie er im Evangelium bezeugt ist.[29] Daher die wiederholte Aufforderung zum Zuhören in den Dokumenten der Synode von 2014.[30]

Kapitel 11:
Beziehungsethik im Kontext der Wissensperspektiven

Als Theorie der Lebensführung steht die theologische Ethik im Gesamten wie auch die theologische Beziehungsethik als auf den Bereich von Ehe, Familie, Partnerschaft und Sexualität spezialisierte Reflexion unter dem Anspruch des Evangeliums. Das gehört zu ihrer theologischen Identität. Es bedeutet aber nicht, dass sie sich mit ihrer eigenen Tradition begnügen und im kirchlichen Binnenraum einschließen dürfte. Jeder Versuch nach dieser Richtung endet in einem Moralisieren, das folgenlos bleibt, weil diejenigen, die er erreicht, sich ohnehin danach richten, und die, an deren Adresse er eigentlich gerichtet ist, davon nicht erreicht oder nicht angerührt werden.

Selbstreferenzialität der Tradition genügt bei ethischen Fragen schon deshalb nicht, weil es dabei um Antworten auf Probleme, Konflikte und Herausforderungen geht, die sich den Menschen stellen, die in der Gegenwart und in konkreten Lebenswelten situiert sind. Und die verändern sich in modernen Gesellschaften in ihren sozialstrukturellen Bedingungen und psychokulturellen Erlebnisqualitäten andauernd und erheblich. Die Spielräume und Möglichkeiten menschlicher Handlungs- und Gestaltungsfähigkeit erweitern sich schon binnen einer Generation beträchtlich, auch innerhalb des Bereichs der Sexualität, der Fortpflanzung und der Beziehungskultur. Und das wirft neue Probleme auf. Dafür ist man auf kontextbezogene Informationen etwa über die Auswirkungen auf die vielen Einzelnen, die Familien, den sozialen Zusammenhalt, die Gesellschaft und die Menschheit insgesamt angewiesen. Die ethische Reflexion ist also schon deshalb auf nichttheologische Wissensquellen angewiesen, weil sie diese zur Wahrnehmung, Erfassung, Analyse und für die Findung von sachgemäßen Lösungen der Probleme braucht.

Es kommt auch vor, dass die ethische Reflexion von der Begegnung mit Wissen nichttheologischer Herkunft bereichert wird, insofern das genauere und gründlichere Wissen Sensibilität schafft, gleichsam die Augen öffnet. Die bessere Kenntnis von Zusammenhängen und Risiken kann dazu drängen, dass präventives Verhalten als genuiner Bestandteil von Verantwortung entdeckt wird, wie das etwa bei der HIV-Seuche der Fall gewesen ist. Erweiterung des Wissens kann auch zu der Erkenntnis führen, dass es mehrere Weisen gibt, einen bestimmten Wert in respektvolle Verhaltensnormen umzusetzen.

Die theologische Tradition hat denn auch im Lauf ihrer Geschichte immer wieder Wissen „von außen" in sich aufgenommen, in manchen Epochen stärker, in manchen weniger stark. Stringente Abwehr und moralische Missionierung sind Extreme, die allenfalls von militanten Gruppen und vielleicht auch der inneren Intention nach verfolgt, aber kaum praktiziert und durchgesetzt worden sind. Das Gros der Geschichte christlicher Ethik ist von Aneignungs- und Inkulturationsprozessen geprägt. Das ist bereits im biblischen Ethos selbst so, aber auch in den antiken Theologenschulen oder etwa in der iroschottischen Klostertheologie und der von ihr betriebenen Missionierung, die für die Entwicklung insbesondere des Beichtinstituts von entscheidendem Einfluss war.

Nicht zuletzt war die theologische Ethik auf Wissen aus nichttheologischen Quellen auch schon seit Frühem angewiesen, um die von ihr weitergetragenen ethischen Impulse aus dem Judentum und der Verkündigung Jesu in einer von hellenistischer Bildung durchformten Kultur und Öffentlichkeit zu implementieren. Dafür musste sie nicht nur erfahrbar vorgelebt, sondern auch intellektuell, und das bedeutete vor allem: philosophisch „salonfähig" gemacht werden. Verschiedene philosophische Strömungen in eher populären Versionen wurden sowohl als hermeneutisches Medium für das eigene christliche Ethos wie auch als Folie benutzt, um systematische Kohärenz herzustellen und innere Widersprüche zu minimieren. Diese Grundaufgabe besteht auch unter den stark veränderten Denk- und Handlungsbedingungen der Moderne und der Gegenwart fort.

Im vorliegenden Kapitel soll die Aufmerksamkeit auf einige solcher Wissensreservoire gelenkt werden, die die theologische Ethik allgemein und die theologische Beziehungsethik im Besonderen zur Kenntnis nehmen und mit denen sie sich auseinandersetzen muss, wenn sie dem ihr immanenten Anspruch, vernünftig zu sein, entsprechen möchte.

11.1 Relevanz der humanwissenschaftlichen Erkenntnisse

Neben ihrer Verwurzelung in Schrift und Tradition und ihrer Bemühung um eine philosophische Matrix (s. o.) bedarf die theologische Ethik heute am meisten des Zugangs zu den Erkenntnissen der sogenannten Humanwissenschaften. Der Mensch und seine Beziehungen sind nämlich nicht nur Angelegenheiten von Theologie und Ethik, sondern auch Gegenstand spezialisierter Wissenschaftsdisziplinen wie Biologie, Medizin, Psychologie, Sozialwissenschaften u. a. Sie haben zur körperlich-seelischen Verfasstheit, zur Sexualität, zu den Bedingungen und Schwierigkeiten von Beziehungen, zum Verlauf der Entwicklung vom Säugling zum alten Menschen, zum Spektrum von normalen Verhaltensweisen wie von pathologischen Formen, zu den Wechselwirkungen zwischen individueller Identitätsausbildung und gesellschaftlichen Bedingungen eine riesige Menge an (belastbarem) Wissen generiert, das von großer Relevanz für die Ethik und die Theologie insgesamt und für die Beziehungsethik im Besonderen ist.

Es macht ihre Grundfrage nach dem guten Leben und nach dem umfassenden Sinn zwar nicht in irgendeiner Weise überflüssig. Aber es lässt in seiner methodischen Konzentration auf ganz spezielle Aspekte und in der Menge an Details die Strukturen der Unbeliebigkeit und komplementär dazu den riesigen Raum der Gestaltbarkeit deutlicher hervortreten. Das kann dazu beitragen, die Züge des Menschenbildes, das die Ethik immer kontrafaktisch unterlegen und auf das hin sie argumentieren muss, nicht zu überspannen, sondern durch das Prinzip der Lebbarkeit realitätsnah zu moderieren. Für die Normierung konkreter Sachfragen spielen vor allem die Erkenntnisse aus den Einzelwissenschaften eine Rolle.

Ferner erlaubt es kritische Korrekturen dort, wo in der Tradition Normen auf falsche Annahmen gegründet wurden, wie es beispielsweise lange Zeit bei der moralischen Verurteilung von Selbstbefriedigung und bis in die jüngste Zeit bei der Einschätzung der gleichgeschlechtlichen Orientierung der Fall gewesen war.

Umgekehrt kann empirisches Wissen Sicherheit dafür geben oder verbessern, dass Maßnahmen, die vorgeschlagen werden, um die Achtung eines Werts in der sozialen Realität zu bewirken, ihr Ziel auch tatsächlich erreichen. Der Streit um die Verweigerung der sogenannten „Pille danach" in einem Krankenhaus in katholischer Trägerschaft im Jahr 2013 war ein paradigmatisches Beispiel für diese häufig auftretende Problemkonstellation.

Des Weiteren zeigen gerade komplexe Situationen wie etwa Krisen und das Scheitern von Beziehungen, dass die Feststellung von Regelverletzungen und Schuldzuweisungen in vielen Fällen äußerlich und schematisch ist. Beratung und Begleitung, die auf dem Fundament von empirischem Wissen und von Erfahrung basieren, können die Beziehungsdynamik, die Risiken, aber auch die Chancen von Veränderungen und Interventionen ungleich präziser erfassen und beurteilen, möglicherweise auch in ihren schuldhaften Anteilen.

Schließlich dürften humanwissenschaftlich abgestützte Erkenntnisse in einer säkularen Gesellschaft auch der einzige Boden sein, auf dem es zu einer gesellschaftlichen Wahrnehmung und zu einem ernstnehmenden Diskurs über konkrete Positionen und die anthropologischen Implikationen kommen kann. Moralische Ansprüche, die das Sexualverhalten und nahe Beziehungen betreffen, stoßen auf Sympathie und Aufmerksamkeit nicht mehr dadurch, dass sie im Namen der Institution Kirche oder Gottes erhoben werden, sondern dadurch, dass sie sich als wissenschaftlich fundiert ausweisen können oder auch nur den Anschein erwecken, eine wissenschaftliche Grundlage zu haben.

11.2 Die Wahrnehmung der Vielfalt der geschichtlichen Gestaltungen von Partnerschaft

Der Hinweis auf das, was bisher oder schon immer gegolten hat, und die Klage über bedauernswerte Entwicklungen der Gegenwart waren Motivation, Ausgangsbasis oder auch Widerlager für eine in tensive und breite historische und kulturwissenschaftliche Erforschung von Ehe, Familie und Sexualität.[1] Das Bild, das aus ihr resultiert, ist vielfältig und in mehrfacher Hinsicht erstaunlich, aber zugleich deutlich:

Zunächst nötigen die Ergebnisse der Forschung zu dem Eingeständnis, dass viele Vorstellungen über Ehe und Familie früher schlichtweg nicht zutreffen, die von Verteidigern wie auch von Kritikern dieser Institutionen heute vermutet oder vorausgesetzt werden. Das gilt insbesondere für die Vorstellungen von der drei Generationen umfassenden Großfamilie, vom Kinderreichtum aller Familien, vom liebevollen Sichkümmern um die hilfsbedürftigen Angehörigen, vom Eheabschluss in frühen Jahren, vom Ausnahmecharakter vorehelicher Schwangerschaften und außerehelicher Geburten, von der Herzlichkeit und Harmonie in den ehelichen und familiären Beziehungen. Schon vor mehr als drei Jahrzehnten hat der Bochumer Moraltheologe Hans Kramer mit Blick auf die seinerzeit verfügbaren Arbeiten der historischen Familienforschung seinem Buch zur Sexualethik den programmatischen und zugleich kritisch gemeinten Titel „Ehe war und wird anders" gegeben[2] und von der Notwendigkeit eines neuen Bilds von der „guten alten Zeit" gesprochen.[3]

Was man redlicherweise angesichts der Ergebnisse der historischen Forschungen auch in Rechnung stellen muss, ist, „wie es in Wirklichkeit um die Ehe stand"[4]. Über Heiratsverbote für einen erheblichen Teil der Bevölkerung und später Eheeinschränkungen, verbunden mit langen Wartezeiten, darf ebenso wenig hinweggegangen werden wie über die Bedrohungen durch die hohen Lebensrisiken Hunger, Seuchen, Tod im Kindsbett und das Sterben der Kinder, die Knappheit des Auskommens für die allermeisten, die prekären Wohnungs- und Intimitätsverhältnisse in den großen Städten, aber auch über die innerfamiliären Abhängigkeiten und die üblichen autoritären Reaktionsmuster bei Meinungsverschiedenheiten und Konflikten. Die Ausfilterung dieser Seite der Wirklichkeit lässt ernst gemeinte Leitbilder von früher unter der Hand zur bloßen Idylle verkommen, die dem gelebten Leben der früheren Generationen im Durchschnitt und in seiner Mühsal nicht gerecht wird.

Schließlich kann der Blick auf die Sozialgeschichte von Ehe, Familie und Partnerschaft im Zeitraum etwa der letzten zwei Jahrhunderte auch die großen Veränderungen auf dem Weg zur Gegenwart deutlich in Erscheinung treten lassen.[5] Zu diesen epochalen Veränderungen gehört etwa die ausschlaggebende Rolle der Zuneigung bzw. der Liebe für die informelle wie auch die institutionelle Partnerschaft. An die Stelle verwandtschaftlicher Rücksichten und ökonomischer sowie beruflicher Rationalität ist die eigene freie Entscheidung für einen bestimmten Partner sowie für die Art und Qualität der gemeinsamen Lebensform getreten. Ehe und Elternschaft sind gesellschaftlich zu Gegenständen der subjektiven Wahl geworden, was auch impliziert, dass es alternative Optionen gibt. Das Innenverhältnis zwischen den Partnern bzw. den Familienmitgliedern wird stärker denn je zuvor von der Idee der Gleichheit bestimmt. Die Erwartungen an den Partner und an das Zusammenleben mit ihm sind extrem hoch; aber gleichzeitig ist das Wissen um die Gefahr des Scheiterns ebenfalls ausgeprägter vorhanden und wird in vielen Fällen schon für den Eventualfall vorweg in Gestalt eines Vertrags geregelt. Gemeinsame Kinder sind eine Option, die aber, was Zeitpunkt, zu erreichenden Lebensstandard, berufliche Karriere und Anzahl anbelangt, der Planung unterworfen wird. Das Eintreten des Falls, dass Zerwürfnisse unüberwindbar sein können, bedeutet nicht zwangsläufig ökonomische Katastrophe und soziales Aus.

Verglichen mit früher gibt es – das zeigen die Ergebnisse der historischen Studien zumindest auch – neben der Erosion von Verbindlichkeit auch einen deutlichen Zugewinn an Freiheit und Wahlmöglichkeit für den Einzelnen, der einem großen Teil der Bevölkerung zugute kommt.

11.3 Aufmerksamkeit für die Sichtweisen anderer Konfessionen

Die verschiedenen christlichen Konfessionen sind zwar aus dramatischen Konflikten hervorgegangen, aber sie bleiben für die anderen Kirchen, von denen sie getrennt sind, auch weiterhin von großem Interesse, zum einen, weil sie sich auf denselben gemeinsamen Ursprung beziehen, zum anderen weil sie häufig Elemente aus der gemeinsamen Tradition betonen, die im anderen Strom der Überlieferung in den Hintergrund getreten sind.

Viel Aufmerksamkeit zieht schon seit Jahrzehnten das Verständnis der Ehe in den orthodoxen Kirchen auf sich, weil diese beim Vorliegen bestimmter Gründe eine Scheidung mit anschließender Wiederheirat zum zweiten und sogar zum dritten Mal gestatten. Das ist besonders interessant, weil sich auch die orthodoxen Kirchen der Aufforderung Jesu in Mt 19,6 und 1 Kor 7,10f. verpflichtet sehen und die Ehe für unauflöslich halten. Sie sehen diese Verpflichtung und ihre Praxis aber nicht in Widerspruch zueinander, weil es ihrem Verständnis zufolge dabei nicht eigentlich um eine Scheidung der Ehe geht, sondern „bloß" um die äußere Kenntnisnahme und die formelle Feststellung, dass die Ehe bereits zerstört ist.[6] Gelöst werde eine kirchlich gültig geschlossene Ehe nur durch den Tod oder „durch ein Vorkommnis, welches die moralischen und religiösen Grundlagen der Ehe zerrüttet"[7]. Das meint Ereignisse, die in ihrer Wirkung auf die Ehe dem natürlichen Tod gleichkommen, z. B. Ehebruch, vorsätzliche Lebensbedrohung durch den Gatten, Abtreibung, Wahnsinn, der zu vermutende Tod des Gatten, die bleibende Unfähigkeit des Mannes zum Vollzug des Beischlafs.[8]

Ermächtigt sehen sich die orthodoxen Kirchen durch das Prinzip der *oikonomia*. Nach diesem ist die Aufhebung der Ehe in gegebenenfalls zu beweisenden Fällen möglich – „zum Heil" der betroffenen Gläubigen. Zumindest was den Ehebruch betrifft, sehen sie sich auch in Übereinstimmung mit den im Neuen Testament bezeugten Anweisungen Christi (Mt 5,32 u. 19,9), bei den anderen Fällen wenigstens gedeckt durch die Autorität angesehener Kirchenväter und Synoden.

Das Konzil von Trient hat übrigens, als es die Sakramentalität der Ehe gegen die Reformatoren verteidigte, 1563 im Dekret *Tametsi* mit Bedacht so formuliert, dass diese den Konzilsteilnehmern bekannte Praxis der Ostkirche nicht diskreditiert oder gar verurteilt wurde.[9]

Das ist nur ein, aber ein sehr wichtiges Beispiel dafür, wie die Berufung auf ein und dieselbe Textgrundlage im Lauf der Kirchen-, Theologie- und Konfessionsgeschichte zu unterschiedlichen Anwendungen und Ausgestaltungen geführt hat, für die sogar die Autorität anerkannter großer Theologen in Anspruch genommen werden konnte. Heute empfiehlt sich die ostkirchliche Praxis der *oikonomia* durchaus als ein diskutables Muster für eine Lösung des kirchlichen Umgangs mit wiederverheirateten Geschiedenen in der katholischen Kirche, insofern sie einerseits am Ideal der Ehe festhält, andererseits die Gebrochenheit und die Not der Menschen, die in ihrem Eheprojekt gescheitert sind, ernst nimmt und eine Perspektive für die Zukunft eröffnet.

1.4 Der Vergleich mit anderen Religionen und Kulturen

Fast noch mehr als der internationale Austausch durch Wissensinformation, Tourismus und Geschäftsbeziehungen bewirken Einwanderung und Fluchtbewegungen infolge der internationalen Konflikte, dass die Menschen hier, die sich als „Einheimische" fühlen, auch etwas erfahren über Sitten, Deutungen und Vorstellungen von einem guten Leben von Angehörigen anderer Kulturen und Religionen. Das gilt aus naheliegenden Gründen besonders für Lebensbereiche wie Ehe, Familie und Sexualität. Für sie bestehen deutlich wahrnehmbar kulturspezifische Normen, die für die Angehörigen der entsprechenden Gruppen einen hohen Verpflichtungsgrad haben. Dieser zeigt sich nicht nur an dem Nachdruck, mit dem sie affirmiert und gegenüber den Angehörigen der nachwachsenden Generation eingefordert werden, sondern auch an der Härte der Strafen, die exekutiert werden, wenn man gegen sie verstößt.

Im Vergleich zu anderen Kulturen und Religionen werden nicht nur Gemeinsamkeiten und Unterschiede von Normen, Werten und Sichtweisen deutlich. Vielmehr stellt sich immer wieder auch die Frage, welche Normen und Sitten innerhalb der Gesellschaft geachtet werden müssen oder bloß hingenommen werden können oder aber als zentralen Errungenschaften des Zusammenlebens in einer liberalen Gesellschaft widersprechend beurteilt werden müssen. Bestimmte mitgebrachte und ursprünglich in anderen Kulturen verwurzelte Vorstellungen von Ehre etwa, vom Recht der Eltern, die Verheiratung ihrer Kinder zu arrangieren oder sogar zu bestimmen, von Genitalverstümmelung als notwendigem Initiationsritus für soziale Zugehörigkeit, von der Bestimmungsmacht der Väter, Brüder und Ehemänner über die Frauen, von der generellen Beschränkung der Tätigkeitsfelder und Aufenthaltssphären von Frauen, von sexueller Dienstbarkeit usw. sind zunächst einmal einfach da, erscheinen aber nicht nur als befremdlich, sondern werden von vielen auch als unvereinbar mit der liberalen, auf die Menschenrechte verpflichteten Grundordnung empfunden. Andere Sitten, etwa Kleidungsvorschriften und die Meidung geschlechtsgemischter Gemeinschaftsaktivitäten, werden hierzulande teils geschätzt, teils als fehlende Integrationsbereitschaft ausgelegt. Es ist deshalb für ein friedliches Zusammenleben innerhalb einer Gesellschaft ebenso wie für das respektvolle Nebeneinander der unterschiedlichen Religionsgruppen in einem Land und darüber hinaus in größeren Kulturräumen wie Europa von größter Bedeutung, dass die diversen Lebensformen samt ihren Regeln und Sinngebungen überhaupt ausreichend gekannt werden, dass mit den Unterschieden achtungsvoll umgegangen wird und dass auch um Empfindlichkeiten gewusst wird. Das weitet den eigenen vertrauten Horizont. Gleichwohl können sowohl im familiären, im schulischen und im nachbarschaftlichen Bereich als auch in der Sphäre von Recht und Staat immer wieder Fragen auftreten, bei denen man sich erst auf einen normativen Rahmen einigen oder ihn durchsetzen muss, damit nicht zu großes Konfliktpotential aufgehäuft wird.

Über diese Notwendigkeiten hinaus ist die Begegnung mit einer fremden Religion oder Kultur sowie der darin beheimateten Moral und Sitte immer auch eine Chance, die eigenen Positionierungen und Prioritäten zu entdecken, sich mit ihnen auseinanderzusetzen und sie gegebenenfalls auch weiterzuentwickeln bzw. zu korrigieren.

Die interkulturelle Wahrnehmung der Normen und Sitten, die den Umgang mit Sexualität und die Anbahnung, Festigung und Qualität der Beziehungen betreffen, komparatistische Sexualethik und auf einer anderen Ebene die Auseinandersetzung mit kulturalistischen Denkströmungen, die derzeit in vielen Regionen der Welt als Gegenbewegung zu dem universalistisch ausgerichteten menschenrechtlichen Argumentieren Sympathien genießen, sind für die theologische Ethik im Gesamten und für die theologische Beziehungsethik im Speziellen Themenbereiche, die in der Zukunft noch wichtiger sein werden als bereits heute. Denn sie führen mitten hinein in die Frage nach dem gemeinsamen Menschsein und der Möglichkeit universeller ethischer Prinzipien und Normen. Die Dringlichkeit, Beziehungsethik auch komparatistisch zu betreiben,[10] speist sich übrigens auch aus zwei genuin theologischen Gedanken, nämlich zum einen aus der in der christlichen Theologiegeschichte stets vorhandenen Vorstellung von dem allen gemeinsamen Menschsein und zum anderen aus dem Glauben an Gott, der der Schöpfer aller Menschen ist und alle zum Heil berufen hat.

Insgesamt wird man also wohl feststellen müssen, dass in Zeiten der wachsenden kulturellen Interferenzen und der beschleunigten Verflechtungen weltweiten Ausmaßes die Kontexte für die Moral und die ethische Reflexion wichtiger werden. Papst Franziskus hat für eine solche Öffnung auf neue Wissenshorizonte und Erfahrungen mit der Einberufung der Synode einen Gesprächsraum eröffnet. Es wäre befreiend und wohltuend für viele Menschen, wenn daraus ein Prozess des Miteinander-Sprechens, des Sich-Austauschens und Suchens nach tragfähigen Orientierungen, des Ermutigens und Stützens derer, die in Beziehungen leben und versuchen, dem Partner gerecht zu werden, des Wertschätzens, Beratens und Inspirierens hervorginge.

Kapitel 12:
Lebensführung, Glaube und Kirche

Die laufende, durch den päpstlichen Vorschlag, „die pastoralen Herausforderungen der Familie im Kontext der Evangelisierung" in zwei zusammengehörigen Bischofssynoden in den Blick zu nehmen und Antworten zu beraten, erstarkte innerkirchliche Debatte verdankt sich vermutlich weniger dem Theoriebedürfnis oder dem über lange Jahre institutionell gebremsten Wahrnehmungsdruck der Moraltheologen als dem nüchternen Eingeständnis einer Vielzahl von Seelsorgern, dass es gerade Angehörige der jüngeren Generation sind, die aus der Kirche ausgezogen sind, dass die Verantwortlichen keine ausreichenden Antworten auf die gesellschaftlichen Entwicklungen geben können und dass sie selbst die Erfahrung machen, dass die verfügbaren Antworten aus kirchlichen Dokumenten nicht als wirklich hilfreich erfahren werden. Offensichtlich waren dies auch wesentliche Motive, die den Papst zum raschen Entschluss, das riskante Unternehmen Synode zu wagen, bewegt haben.

Die Themen, die seit der Ankündigung diskutiert werden, sind sehr unterschiedlich und lassen sich nicht in einer homogenen inhaltlichen Problemstellung zusammenfassen. Daraus lässt sich schließen, dass es nicht nur um die in früheren Kapiteln dieses Buchs dargestellte Auseinandersetzung um die angemessenen Normierungen und den Modus der moralischen Kommunikation in der Kirche geht, sondern zugleich um etwas noch Grundsätzlicheres: um die Frage nach der primären Aufgabe und den möglichen Methoden der Moralverkündigung der Kirche in der modernen Gesellschaft.

Dass der Begriff der Pastoral ins Zentrum gerückt ist, dürfte ja mehr als ein Zufall oder bloß ein geschickter Schachzug sein, um Auseinandersetzungen über Veränderungen in der Lehre zu vermeiden. Vielmehr dürfte es sich um ein Signal für eine veränderte Prioritätensetzung handeln. Es soll um das Handeln der Kirche im Verhältnis zu den Menschen von heute gehen, das heißt auch: in all ihren Bezügen, Elementen und Bedingungen,[1] und nicht um die Formulierung von dogmatischen Wahrheiten. Zuerst ist die Lebenswirklichkeit da, die erfasst werden muss, dann kommt die Frage ihrer Deutung, sodann die Orientierung, die sich aber auf die Zusammenschau vieler Perspektiven stützt. Der Kirche stehen für Erfassung, Deutung und Orientierung eine Reihe von „Werkzeugen" zur Verfügung, die sie im Laufe ihrer Geschichte ausgebildet hat: Dogma, Liturgie, Caritas, Spiritualität, Seelsorge, Recht, politische Einflussnahme und moralische Prägekraft. Die Selbstverständlichkeit, mit der diese moralische Prägekraft jahrhundertelang über den Einfluss auf Politik und Recht funktioniert hat, löst sich nach und nach auf. Das Votum aus Irland zur sogenannten Homo-Ehe vom Mai 2015 hat das noch einmal schmerzlich, aber mit aller Wucht deutlich gemacht. Umso dringlicher schiebt sich die Frage in den Vordergrund: Wozu kirchliche Moralverkündigung, an wen soll sie sich richten und welches müssten ihre Mittel sein? Dazu sollen in diesem Kapitel ein paar schon jetzt erkennbare Antwortlinien aufgezeigt werden.

12.1 Moral als „Angebot"

Spätestens seit der Affäre um die Fälle sexuellen Missbrauchs bekommt die Kirche in vielen Regionen der Welt, vor allem in Westeuropa und Nordamerika, zu spüren, dass ihr die privilegierte De-facto-Zuständigkeit für moralische Orientierungen und Bewertungen, die ja schon länger keine Alleinzuständigkeit mehr ist, entwunden ist. Sie würde ihre Möglichkeiten heute völlig überschätzen, wenn sie ihre Aufgabe wie früher darin sehen würde, der Gesellschaft Vorgaben für den Umgang mit Sexualität zu machen und dabei zu erwarten, dass diese in der Rechtspolitik von den traditionell mit ihr sympathisierenden politischen Kräften durchgesetzt würden. Längst gibt es in der öffentlichen Meinung einen eigenständigen Diskurs über die jeweils aktuellen ethischen Fragen.

Die katholische Kirche, auch die anderen Kirchen und natürlich auch die akademische Theologie können sich an diesem öffentlichen Diskurs durchaus beteiligen und ihre Überzeugungen und Bewertungen einbringen. Das gelingt ihnen aber nur in dem Maße, wie sie die Spielregeln einhalten, die für diesen „Markt" der Moralen gelten; und das sind vor allem drei:

Sie müssen *erstens* Konkurrenz neben sich ertragen, auch solche, mit der sie sich nicht auf eine Stufe gestellt sehen wollen. Sie müssen *zweitens* die eigenen Positionen so formulieren, dass diese als Beiträge zur gesellschaftlichen Urteilsbildung ernst genommen werden können, und das bedeutet vor allem: Sie müssen sie einsichtig begründen, statt sich auf Autoritäten und die Tradition zu berufen. Und *drittens* müssen sie sensibel und offen sein für die Fragen, Bedürfnisse und Probleme, die in der Gesellschaft gespürt, durch soziale Bewegungen oder zivilgesellschaftliche Initiativen auf die Agenda der Politik gesetzt, manchmal auch durch investigativen Journalismus oder Skandalisierung inszeniert werden.

Die Folge des Verlusts an Definitions- und Kontrollmacht ist, dass kirchliche Moral „nur" noch den Stellenwert und die Funktion eines „Angebots" an die Gesellschaft und ihre Glieder haben kann.

Das mag von vielen kirchlichen Akteuren und auch von manchen neutralen Beobachtern der Gesellschaft als schmerzlicher Verlust empfunden und gedeutet werden, aber die Nüchternheit gebietet, sich dieses illusionslos einzugestehen. Vielleicht gibt ja dieses Erleiden von Machtverlust auch Energien frei für den Dienst an den Menschen und an der Gemeinschaft, zu dem im Neuen Testament immer wieder aufgerufen wird.

Auch mag man die Charakterisierung der Situation der Moralen durch Termini aus der Sprache der Ökonomie („Markt", „Angebot", „Konkurrenz") als der Sache der Moral unangemessen halten. Es ändert aber nichts daran, dass die von der Kirche vertretenen Moralstandards nur dann eine Chance haben, von den Menschen ernst genommen und in ihrer Lebensführung und in ihren Handlungen zurate gezogen und beherzigt zu werden, wenn sie sich in ihrem Sinn- und Orientierungspotential als anderen Angeboten überlegen erweisen. Moralische Ideale, Kriterien und Handlungsempfehlungen müssen unter diesen Bedingungen existentiell ermutigen und motivieren können und sich als Wegweiser zum besseren Glücken ausweisen, und eben nicht durch Übereinstimmung mit satzhaft fixierten Wahrheiten oder als justiziabel im Rahmen bestehender Rechtsfiguren.

Der Wechsel von einer korporativen und impliziten Rückbindung an die kirchliche Moral zu einer durch die freie Wahl jedes Einzelnen vermittelten hat noch eine weitere Auswirkung: Aufgabe der Kirche kann es jetzt auch nicht mehr sein, Bestrafungen für den Fall zu verlangen, dass bestimmte Handlungen praktiziert werden, die ihr als moralisch verboten gelten. Vielmehr besteht ihre Aufgabe viel stärker darin, den Menschen Hilfestellung zum gewissenhaften Urteilen-Können zu geben.

12.2 Respekt vor dem individuellen Lebens- und Beziehungsweg

Die moderne Gesellschaft zeichnet sich im Vergleich zur herkömmlichen dadurch markant aus, dass die Komplexität in allen Bereichen enorm zugenommen hat. Das äußert sich unter anderem auch darin, dass weder die Lebenswege der Einzelnen noch auch die Gestaltung der Beziehungen wenigen tradierten Mustern folgen. Biographien und Beziehungen sind ihrerseits selber zu komplizierten Realitäten geworden.

Folglich wächst auch die Verantwortung des Einzelnen, und folglich spielt das Gewissensurteil eine noch wichtigere Rolle als bisher schon. Mit der Erfüllung normativer Standards ist es nicht getan. Vielmehr treffen die normativen Standards auf einen persönlichen Lebensführungs- und Erfahrungskontext, der sein eigenes Gewicht hat und der unbedingt Aufmerksamkeit verlangt. Beziehungen sind nicht einfach die Einlösung einer idealen Anleitung, sondern

„unterwegs" und deshalb nie einfach in einem endgültigen festen Zustand, sondern andauernd „im Prozess".

Die Berücksichtigung von Wegcharakter und Prozessualität ist im Blick auf bestimmte Phasen der Beziehung besonders wichtig. So ist die Entwicklung und das psychische Aufbauen einer tieferen Beziehung ein Vorgang, der einerseits viel Sorgfalt und Geduld verlangt, andererseits aber auch eine Einübung der Intimität. Eine Beziehung der Liebe ist schon da, die sich dann in einzelnen erotischen und sexuellen Aktivitäten ausdrücken kann. Durch diese wird wiederum die Beziehung der Liebe vertieft und verstärkt. Selbst in einer förmlich eingegangenen Ehe bleibt die innere Dynamik, die das Verhältnis der Partner zueinander bestimmt, eine ganz spezielle und kann sich eigenwillig entwickeln, sodass am Ende unter Umständen auch Erfahrungen der Enttäuschung, der Entfremdung vom Partner, der Einsamkeit und des Sich-überfordert-Fühlens stehen. Einem ganz eigenen, noch weniger standardisierbaren Gestaltungsprozess unterliegt die Beziehung schließlich in der Phase, in der Verluste bewältigt werden müssen, einer der Partner entschwindet und das Alleinleben-Müssen absehbar ist.

12.3 Ethos der Vermeidung von Diskriminierung

Die Erkenntnis der Bedeutung von Lebensgeschichte und Beziehungsdynamik verweist einerseits auf die Rolle des Gewissens der einzelnen Beziehungssubjekte und die Notwendigkeit, dieses in seiner Urteilskompetenz zu bilden. Andererseits nötigt sie dazu, Diskriminierungen, die aufgrund der Klassifizierung des registrierbaren Verhaltens „von außen" zugemutet oder durch institutionelle Regeln und ohne innere Zustimmung durch die Einzelnen auferlegt werden, zu vermeiden bzw. ihnen, sobald sie erkannt werden, entgegenzuarbeiten.

Dabei ist es wichtig zu beachten, dass Diskriminierung nicht nur ein sozialer Stigmatisierungsmechanismus ist, sondern auch eine subjektive Erlebnisseite hat. Deshalb kann die Vermeidung von Diskriminierung nur gelingen, wenn auch der Betroffene sich inklusiv seiner spezifischen Lebens- und Beziehungsgeschichte samt jenen Anteilen, die nicht seiner Steuerung unterliegen, akzeptiert fühlen kann.

Im Blick auf die aktuellen Debatten bedeutet dies, dass etwa Homosexuellen, unverheiratet Zusammenlebenden, auch Geschiedenen und Wiederverheirateten weder durch moralische Vorurteile noch durch partielle Aussonderung vom öffentlichen Gemeindeleben noch auch durch arbeitsrechtliche Regelungen signalisiert werden sollte, dass ihr Lebenswandel schon als solcher und unabhängig von den Möglichkeiten und den Erfahrungen der Einzelnen moralische Defizite aufweist.

12.4 Bewusstsein der grundsätzlichen Fragilität

Was Ehe, Partnerschaft, Familie moralisch ausmacht, also Zuneigung, Verlässlichkeit, vorbehaltlose Solidarität, Ausgreifen auf die nichtkalkulierbare Zukunft, ist nicht etwas Festes und Endgültiges, was die betreffenden Akteure einmal aufbringen müssten und dann für immer besitzen würden. Vielmehr wird gegenseitige Liebe immer wieder neu zur Aufgabe, um die sich die Partner einer Beziehung bemühen müssen. Auch kirchlich gültig verheiratete Eheleute partizipieren weiterhin an den vielfältigen Gefährdungen ihrer Einheit und Treue. Und auch sie sind keineswegs vor Enttäuschungen, Not, Scheitern und Überforderung gefeit. Das heißt mit anderen Worten, dass auch sie in ihrer Verbundenheit selbst fragil sind, aufgrund äußerer Ereignisse und eigener Unzulänglichkeiten, und darüber hinaus noch einmal verletzbar durch den Partner. Die sakramentale Ehe ist wohl ein Zeichen für die Entschlossenheit zur Unbedingtheit des eigenen Jas zum Partner als Abbild des Jas Gottes zum Menschen; aber auch sie findet mitten in der Endlichkeit statt und bleibt insofern, solange die Ehe besteht, ein vorläufiges Zeichen von Menschen mit ihrem guten Willen, aber auch mit ihrer ganzen Fragilität.

Es ist also nicht so, dass die einen, nämlich die Verheirateten, allen Ansprüchen und in jedem Augenblick nur dadurch, dass sie verheiratet sind und es bleiben, gerecht werden würden und alle anderen eo ipso die moralisch Defizienten wären. Es scheint im Übrigen unübersehbar, dass bei dem Wenigen, was in den Evangelien über Jesu Stellung zu Fragen der Sexualität und damit verbundenen Beziehungen in Erfahrung zu bringen ist, dieser Zug sehr deutlich ist: dass die Eindeutigkeit der Grenzziehungen zwischen den Moralischen und den unmoralisch Lebenden durch die Aufforderung zur Umkehrung des Blicks auf die eigene Lebensgeschichte und die eigene moralische Verletzbarkeit infrage gestellt wird (Joh 7,53–8,11).

12.5 Achtung der Würde

Über und quer zu allen Spezialnormen, die im Lauf der Geschichte für Beziehungen und sexuelle Interaktionen ausgebildet wurden, steht die Grundforderung, die Würde des Partners als Menschen zu achten. Das bedeutet negativ, dass alle Formen von Sexualität nicht moralisch gut sind, in denen ein anderer bloß benutzt wird als Mittel zur Erregung, zum Abreagieren, zur Demütigung und zur Ausübung von Macht oder gar als Ware, die man kaufen, gebrauchen, verbrauchen, austauschen oder zugrunde richten und vernichten kann.

Damit ist eine kritische Grenze gegen ausbeuterische und exhibitionistische Praktiken markiert, die es in der stark von den Gesetzen des Konsums durchwirkten Gesellschaft in vielfältigen Formen gibt und die über ein globales Zuhältersystem mit milliardenschwerem Profit am Leben erhalten werden. Alle diese Formen haben gemeinsam, dass sie es aus Prinzip ablehnen, dass Sexualität etwas mit der Entwicklung inniger und tiefer menschlicher Beziehungen, aus denen Verantwortung erwächst, zu tun haben darf und soll.

12.6 Schuld

Lange herrschte in der kirchlichen Überlieferung und Lehre die Auffassung, dass es im Bereich der sexuellen Aktivitäten keine Geringfügigkeit gebe[2] oder mit anderen Worten alles, was gegen die

Normen verstieße, schwere Verfehlungen bzw. Todsünden seien. Noch vor 40 Jahren hat die Glaubenskongregation diese Position – wenn auch leicht abgeschwächt, was die Freiheit der Zustimmung betrifft – in Erinnerung gerufen.[3]

Abgesehen davon, dass diese Lehrmeinung in der Breite der theologischen Tradition stets auch umstritten war und dass für die singuläre Bedeutung jeder sexuellen Handlung für die Grundentscheidung einer Person gegenüber Gott – dem entscheidenden Kern der Todsünde also – nie überzeugende Gründe beigebracht werden konnten, besteht eine massive Schwäche dieser objektiven Klassifizierungen darin, dass sie die entwicklungsbedingten und biographischen Erfahrungen der Menschen als irrelevant übergehen, obschon diese doch wesentliche Komponenten der individuellen Identität sind.

Eine weitere Schwäche besteht darin, dass in jedem Fall von einer Schuld ausgegangen wird bzw. der Entschluss, sich zu trennen oder später eine neue Bindung einzugehen, bereits als solcher mit Schuld in Zusammenhang gebracht oder als Schuld bewertet wird. Man wird wohl nicht bestreiten wollen, dass Schuld tatsächlich oft oder immer mit im Spiele ist; aber es dürfte in den meisten Fällen schwierig oder sogar unmöglich sein, die Schuld anteilig zu identifizieren. Theologisch gesehen mag es zwar Verhältnisse geben, die zur Schuld disponieren („Strukturen der Sünde im Leben der Familie"[4]), und es gibt sicher auch eine in- und miteinander verflochtene Schuld mehrerer, aber Schuld ist eine individuelle Kategorie und nicht eine kollektive Qualität. Ein äußerlich registrierbarer Akt wie das Eingehen einer neuen Lebensgemeinschaft lässt sich, für sich genommen, nicht mit dem Bruch des Liebesverhältnisses zu Gott gleichsetzen noch auch den beiden Partnern zu gleichen Teilen zurechnen, unabhängig davon, ob der eine verlassen oder betrogen wurde oder ihm etwa durch Sucht, Gewalttätigkeit, Konflikte oder ständige Zurücksetzung das gemeinsame Leben unerträglich gemacht wurde. Dass auch ein Partner, der Opfer ist, das Ende der Beziehung als Niederlage empfindet, aber Scham verspürt, weil er es nicht vermocht hat, die Ehegemeinschaft zu retten, ist nicht unwahrscheinlich und kein Beweis oder Indikator für subjektive

Schuld. Dass auch ein solcher Opfer-Partner verpflichtet ist, für die bleibenden Folgen eines Scheiterns (etwa die Fürsorge für die gemeinsamen Kinder) einzustehen, versteht sich, ist aber ebenfalls nicht etwas, was auf moralische Schuldigkeit zurückschließen lässt. So wenig wie einfach ein Versagen beider angenommen werden darf, so wenig ist es auch angemessen, vom Opfer Reue zu verlangen oder gar die Rückkehr in die Ehe zu erwarten.

Schuld kann also ein Grund für das Scheitern einer Beziehung sein, aber es muss damit gerechnet werden, dass neben der Schuld auch Nichtvermögen und Tragik daran beteiligt sind.

12.7 Bezugnahme auf die Barmherzigkeit

Seit seinem Amtsantritt wurde von Papst Franziskus immer wieder die Barmherzigkeit als die Grundhaltung, mit der die Kirche und diejenigen, die in ihrem Namen handeln, dem Menschen gegenübertreten sollen, ins Spiel gebracht.[5] Barmherzigkeit ist die Eigenschaft, die mehr als andere Gott kennzeichnet und zugleich das, was Gott den Menschen zugute kommen lassen möchte und wofür er die Kirche als Werkzeug braucht, damit die Menschen davon auch erreicht werden.[6] Barmherzigkeit ist dabei ganz ausdrücklich als kritisches Regulativ zu „tief in der Geschichte verwurzelten Bräuchen", „kirchlichen Normen oder Vorschriften", „von der Kirche später hinzugefügten Vorschriften" gemeint.[7] Als Kriterium für eine Revision wird mit Thomas von Aquin genannt, den Gläubigen das Leben nicht schwer zu machen und unsere Religion nicht in eine Sklaverei zu verwandeln.[8]

Kardinal Kasper hat in mehreren Stellungnahmen dieses Stichwort der Barmherzigkeit, das er schon seit Jahren wissenschaftlich behandelt hatte[9], vorgebracht und entwickelt, am prominentesten im Rahmen seiner Rede vor dem Konsistorium im Februar 2014 und dann noch einmal in seiner Rede vor der Vollversammlung der Bischofssynode im Oktober desselben Jahres in Zusammenhang mit den Ausführungen „zum Problem der wiederverheirateten Geschiedenen"[10]. Es sei Pflicht der Kirche, mit den Betroffenen barmherzig umzugehen. Solche Barmherzigkeit könne auch realisiert werden, wo das kirchliche Recht unverändert bleibe.[11] Kasper formulierte in der zweiten Rede auch Verfahrensbedingungen, unter denen eine Zulassung geschiedener Wiederverheirateter zur Eucharistie denkbar sei.

Ohne jeden Zweifel fasst Barmherzigkeit einen Grundzug des Evangeliums und eine Tugend, die allen Gläubigen gut ansteht. Freilich besteht die Gefahr, dass ihre Einforderung für das Verhalten der Kirche von den Betroffenen selbst als herablassend empfunden werden könnte. Auch Kasper spürt diese Gefahr und möchte sie durch Verdeutlichung ausschalten. Es gehe ihm um inneres Verstehen und Empathie, um ein Hineinwachsen in die Menschenfreundlichkeit Jesu, nicht um Belehrung oder gar Demonstration von Überlegenheit. „Hinter jeder einzelnen Causa [stehe] nicht nur ein Fall, den man unter einer allgemeinen Regel betrachten [könne], sondern eine menschliche Person, die eine einmalige personale Würde [besitze]."[12]

12.8 „Göttliches Recht" und „Gottes Wille"

In den Debatten um die Veränderungsbedürftigkeit kirchlicher Positionen zur Sexualmoral taucht auch immer wieder das Argument auf, bestimmte Positionen seien nicht reformierbar, da sie von Gott selbst festgelegt worden seien. Niemand, auch kein Inhaber eines hohen kirchlichen Amtes, könne Jesu Anordnungen und die Glaubenslehre verändern.

Der Topos vom „göttlichen Recht" stammt aus der Tradition kanonischen Rechts und markiert zunächst einmal eine starke Differenz zum menschlichen Recht. Dieses kann nämlich geändert werden, während die Inhalte göttlichen Rechts der Verfügungsmacht des Menschen als prinzipiell entzogen gelten. Auch kirchliche Autorität könne das nicht. Umgekehrt brauchten die als göttliches Recht erkannten Bestimmungen keine Bestätigung durch kirchliche Autorität.

Die Absicht dieses rhetorischen Topos ist, die Strenge der Verbindlichkeit der Forderungen zu unterstreichen. Solcher Art qualifizierte moralische Forderungen sind als nicht willkürlich, also als strikt objektiv kenntlich gemacht.

Die Inanspruchnahme des Willens Gottes für eine konkrete rechtliche und moralische Bestimmung ist freilich eine gefährliche Angelegenheit, wie heute an fanatisierten Menschen deutlich wird, die sich ermächtigt oder sogar beauftragt glauben, „im Namen Gottes" andere ihres Lebens berauben zu dürfen.[13] Aber auch wenn das nicht zur Legitimierung konkreten politischen Agierens geschieht, steht die unmittelbare oder mittelbare („Natur") Berufung auf den Willen Gottes in Gefahr, als Rechtfertigung dafür benutzt zu werden, das Bemühen um Argumente abzubrechen bzw. zu verweigern.

Theologisch noch schwerer wiegt der Einwand, wie und woher jemand oder eine Instanz um die Göttlichkeit bestimmter Ordnungen wissen kann. Andererseits gibt es in allem Bemühen, Treue zum Ursprung zu bewahren, immer auch Entwicklungen und Anwendungsnotwendigkeiten, Fortschritte in der besseren Erkenntnis sowie im Grad der jeweils erreichten Gewissheit. Umgekehrt sind auch die überlieferten Weisungen Jesu und die feierlichen Formulierungen kirchlicher Autoritäten unter ganz bestimmten geschichtlichen, kulturellen und sozialen Bedingungen zustande gekommen, sodass ihr angemessenes Verstehen auf eine historisch aufgeklärte Hermeneutik angewiesen ist. Schließlich: Was in der Moral- und Rechtsgeschichte im Einzelnen dem göttlichen Recht zugerechnet wurde und was nicht, macht den Anspruch seiner Unveränderlichkeit nicht zweifelsfrei plausibel.[14]

Aus all den genannten Gründen empfiehlt sich äußerste Zurückhaltung, wenn es darum geht, sich bei der Formulierung und Anwendung konkreter Normen problemlos auf den Willen Gottes zu berufen. Das Handeln Gottes setzt nicht die normale Wirklichkeit außer Kraft, noch geschieht die Erkenntnis seines Willens losgelöst von menschlicher Einsicht und Bemühung um die je bessere Erkenntnis des in der Geschichte einmal Begonnenen. Göttliches Recht und Wille Gottes sind Metaphern, gehaltvolle Symbole oder genau genommen Analogien für das, was Menschen als unabdingbar verpflichtend und unaufgebbar erkannt haben. Wie der Name und das Bild Gottes sollten auch sie nur mit Ehrfurcht bemüht werden, nicht aber zu Erziehungs- und Machtzwecken in Anspruch genommen werden.

Nachwort

Es ist offensichtlich, dass die katholische Sexualmoral herkömmlichen Typs Grenzen, Schwächen und Blickverengungen aufweist. Insofern bedarf es einer gründlichen Revision, die in den vorhergehenden Überlegungen mithilfe der Formel „von der Sexualmoral zur Beziehungsethik" charakterisiert wurde.

Damit wird mehreres signalisiert. Zunächst, dass die Kluft zwischen den offiziellen Standards und der aus Überzeugung gelebten Praxis der Gläubigen kein Zustand ist, der einfach hingenommen oder ausgehalten werden sollte. Denn das je nachdem resignative oder trotzige Hinnehmen der Kluft beschädigt nicht nur die Autorität des Amtes und seines öffentlichen Sprechens. Vielmehr führt es auch zur Entfremdung derer, die nicht nach diesem Standards leben können, sich aber in ihren eigenen Bemühungen um eine verantwortliche Gestaltung ihrer Lebensführung und ihrer Beziehungen je nachdem missverstanden, verurteilt oder abgeschrieben und allein gelassen fühlen. Was sie spüren können sollten, ist der wohlwollende Blick und die Zugewandtheit auch der Institution, der sie sich verbunden fühlen.

Signalisiert wird aber auch, dass der wertvolle Kern der Tradition kirchlichen Nachdenkens und Sprechens über Ehe, Partnerschaft und Sexualität nicht verloren gehen sollte. Die grundlegende Einsicht etwa, dass Sexualität nicht nur ein Reflex des vegetativen Nervensystems ist, sondern eine Weise menschlichen Erlebens und Sich-Verhaltens, die auf Personen ausgerichtet ist, die Bedeutung hat wie auch Beziehung schafft und vertieft. Wenn sie glückt, kann sie die Erfahrung vermitteln, dass der Mensch über sich selbst und seine Grenzen hinaus wachsen und für den Partner von existentieller und singulärer Bedeutung sein kann. Sie kann sich darin auch als etwas zeigen, was über den Menschen hinausweist und worin er sich in unableitbarer Weise beschenkt fühlt. Freilich gehört zu den in der Tradition gespeicherten Grundeinsichten auch, dass bloßes Auslebenwollen der Sexualität nicht von Möglichkeiten der Enttäuschung, der Verletzung, der Demütigung, der verdinglichenden Behandlung, der Zufügung von Gewalt und der Zumutung gesundheitlicher Gefährdungen frei ist. Deshalb muss es in der Praxis der sexuellen Beziehungen und in deren ethischer Reflexion immer auch um Anliegen wie Gerechtigkeit, Partnerschaftlichkeit, wechselseitiges Teilen, Fürsorge, Selbstdisziplin, Wahrhaftigkeit, Kultivierung durch Sprache, Kunst und Freiheit gehen. War dies früher im Rahmen des institutionellen Gefüges fest geregelt, muss es heute in Übereinstimmung mit vielen gesellschaftlichen Standards individuell herausgefunden und in die Praxis des gemeinsamen Lebens integriert werden.

Signalisiert werden soll schließlich auch eine Kontinuität mit der tradierten Sexualmoral. Sie betrifft die zentralen Visionen. Nämlich die Vision von der Ganzheitlichkeit, die Vision von der Beständigkeit der Liebe und die Vision, zusammen mit dem Partner in Verantwortung etwas Bleibendes schaffen zu dürfen.

Anmerkungen

Einleitung

1 So in der programmatischen Rede des (damals noch) argentinischen Kardinals Jorge M. Bergoglio SJ im Vorkonklave. Deutsch in: Laudetur Jesus Christus. Radio Vatikan Blog. Reader (Zugriff am 23.07.2015).

2 S. dazu die Predigt zur Eröffnung der Dritten Außerordentlichen Vollversammlung der Bischofssynode 2014 (alle bisherigen Texte zur Bischofssynode 2014 sind erschienen in: Die pastoralen Herausforderungen der Familie im Kontext der Evangelisierung, Arbeitshilfen der Deutschen Bischofskonferenz Nr. 273; s. hier: 77–79).

Kapitel 1: Was man typischerweise mit „katholischer Sexualmoral" verbindet

1 Martin M. Lintner, Den Eros entgiften. Plädoyer für eine tragfähige Sexualmoral und Beziehungsethik, Brixen/Innsbruck/Wien 2011.

2 Margaret A. Farley, Verdammter Sex. Für eine neue christliche Sexualmoral, Darmstadt 2014 (Orig.: 2006).

3 So beispielsweise: Katholischer Katechismus für das Bistum Osnabrück, Osnabrück o.J., Beichtandacht für Kinder, XV.

4 Katechismus der Katholischen Kirche (KKK) (1997), 2331–2400.

5 Vgl. etwa Erklärung zu einigen Fragen der Sexualethik von 1975: „ununterbrochen" (4), „im ganzen Verlauf ihrer Geschichte bestimmten Regeln des Naturgesetzes immer eine absolute und unveränderliche Geltung zuerkannt" (4), „stets als einen Bestandteil ihrer Lehre überliefert" (5).

6 Enzyklika *Humanae Vitae* (HV) (1968), 19; Apostolisches Schreiben *Familiaris Consortio* (FC) (1981), 33.

7 HV 18. Vgl. Enzyklika *Casti connubii* (1930), 108.

8 *Relatio Synodi* der Außerordentlichen Vollversammlung der Bischofssynode (2014), 2.
9 Vgl. KKK 2383–2386.

Kapitel 2: Lehre und Leben

1 S. Deutsche Bischofskonferenz, Zusammenfassung der Antworten aus
den deutschen (Erz-)Diözesen auf die Fragen im Vorbereitungsdokument für die Dritte Außerordentliche Vollversammlung der Bischofssynode 2014, zu Fragen 4–7 (in: Die pastoralen Herausforderungen
der Familie im Kontext der Evangelisierung, in: Arbeitshilfen der
Deutschen Bischofskonferenz 273, 7–41).
2 S. Auswertung des Bundes der Deutschen Katholischen Jugend (BDKJ),
zu Fragen 1.2 u. 2.
3 Laut Michael N. Ebertz gab es in Deutschland seit den 1960er-Jahren
jeweils mehr als zehn Umfrageergebnisse zum Zölibat und zur Empfängnisverhütung und wenigstens sieben über den außerehelichen Geschlechtsverkehr und über die allgemeine Einstellung zur kirchenoffi-
ziellen Sexuallehre (Die Entkirchlichung des Körpers. Ein religionssoziologischer Blick, in: Herder Korrespondenz Spezial Okt. 2014, 11–15).
4 Forschungsstelle für Sexualwissenschaft und Sexualpädagogik der
Universität Landau (Norbert Kluge/Marion Sonnenmoser): www.uni-
landau.de/kluge/Beitraege_zur_S.u.S/geschlechtsreife.pdf (Zugriff am
10.04.2015).
5 Statistisches Landesamt Baden-Württemberg 2014: www.statistik-bw.
de/BevoelkGebiet/Landesdaten/LRt0110.asp (Zugriff am 10.04.2015).
6 Zum Verlauf der Entwicklung s. etwa Robert Jütte, Lust ohne Last.
Geschichte der Empfängnisverhütung von der Antike bis zur Gegenwart, München 2003, 299–319.
7 Statistisches Bundesamt der BRD: www.lebenserwartung.info/index-
dateien/leuden.htm (Zugriff am 10.04.2015).
8 Kongregation für die Glaubenslehre, Einige Anmerkungen bezüglich
der Gesetzesvorschläge zur Nicht-Diskriminierung homosexueller Personen (1992); dies., Erwägungen zu den Entwürfen einer rechtlichen
Anerkennung der Lebensgemeinschaften zwischen homosexuellen
Personen (2003); Relatio Synodi (2014), 51.
9 S. dazu Stephan Goertz, Streitfall Diskriminierung. Die Kirche und
die neue Politik der Menschenrechte, in: Herder Korrespondenz 67
(2013), 78–83.

10 In der deutschen Newman-Ausgabe von Mathias Laros und Werner Becker lautet der Titel der Abhandlung: „Über das Zeugnis der Laien in Fragen der Glaubenslehre" (in: Newman, Ausgewählte Werke, Bd. VI, Mainz 1959, 253–292).

11 Karl Rahner, Das freie Wort in der Kirche. Die Chancen des Christentums, Einsiedeln 1953, 17.

12 Dekret über das Apostolat der Laien *Apostolicam actuositatem* (AA).

13 Zur Weiterführung dieses Gedankens s. auch Kapitel 9.

Kapitel 3: Partnerschaftsethik – warum?

1 Süddeutsche Zeitung, Osterausgabe vom 04./05./06.04.2015, 49.

2 Als Beispiel für die erste Sicht sei Volkmar Sigusch, Auf der Suche nach der sexuellen Freiheit. Über Sexualtabus und Politik, Frankfurt/ New York 2011, genannt, als Beispiel für die zweite Gabriele Kuby, Die globale sexuelle Revolution. Zerstörung der Freiheit im Namen der Freiheit, Kisslegg 2012.

3 S. dazu etwa Konrad Hilpert, Scham, Schamlosigkeit und Schuld, in: Dieter Korczak (Hg.), Schamlos! Analyse der neuen Schamlosigkeit, Kröning 2013, 49–59.

4 Andreas Zielcke hat in einem bedenkenswerten rechtsvergleichenden Beitrag in der Süddeutschen Zeitung sogar von „sexueller Freiheitsberaubung" gesprochen (Ausgabe vom 13.01.2011).

Kapitel 4: Eckpunkte einer Theologie der Sexualität

1 Denzinger-Schönmetzer, 860.

2 Dekret *Tametsi* (1563): DH 1797.

3 Pastoralkonstitution *Gaudium et spes* (GS) 48–51.

4 Von besonderer Bedeutung war der Beitrag des Breslauer Moraltheologen Herbert Doms, Vom Sinn und Zweck der Ehe, Breslau 1935.

5 Exemplarisch für dieses Bemühen sind die frühen Arbeiten von Johannes Gründel. Neben der moralgeschichtlichen Arbeit „Die Lehre von den Umständen der menschlichen Handlung im Mittelalter" (Münster 1963) sind zu nennen seine Studie „Wandelbares und Unwandelbares in der Moraltheologie" (Düsseldorf ²1971) sowie die dort im Literaturverzeichnis aufgeführten Titel.

6 S. u. a. Hans Göppert, Wolfgang Wickler (Hg.), Sexualität und Geburtenkontrolle, Freiburg i. Br. 1970; Alois Müller/Stephan H. Pfürtner/ Bernhard Schnyder (Hg.), Natur und Naturrecht. Ein interfakultäres Gespräch, Köln 1972; Franz Böckle/Ernst-Wolfgang Böckenförde (Hg.), Naturrecht in der Kritik, Mainz 1973; Franz Böckle (Hg.), Der umstrittene Naturbegriff. Person, Natur, Sexualität in der kirchlichen Morallehre, Düsseldorf 1987.

7 Frankfurt a. M. 1991 (Orig.: 1990).

8 Zur Interpretation siehe u. a. Hille Haker, Körperlichkeit im Plural. Geschlechtertheorie und katholisch-theologische Ethik, in: Herder Korrespondenz Spezial Okt. 2014, 20–24. Zum weiteren Diskussions-Umfeld s. die Beiträge in: Anne Fleig (Hg.), Die Zukunft von Gender. Begriff und Zeitdiagnose, Frankfurt/New York 2014.

9 So etwa *Instrumentum laboris* zur Dritten Außerordentlichen Generalversammlung der Bischofssynode (2014), 114 u. 127, vgl. außerdem 23–26.

10 DH 860.

11 DH 1799.

12 Im Einzelnen dazu Konrad Hilpert, Augustinus und die kirchliche Sexualethik, in: Religionsunterricht an höheren Schulen 28 (1985), 364–376.

13 Siehe Kurt Flasch, Eva und Adam. Wandlungen eines Mythos, München 2004, 80–85 u. ö.

14 Siehe dazu Franz-Xaver Bischof, Das Junktim von Priestertum und Zölibatsverpflichtung, in: Konrad Hilpert (Hg.), Zukunftshorizonte katholischer Sexualethik, Freiburg i. Br. 2011, 57–71.

15 S. dazu ausführlich Peter Brown, Die Keuschheit der Engel. Sexuelle Entsagung, Askese und Körperlichkeit im frühen Christentum, München 1991 (Orig.: 1988).

16 FC 16.

17 Franz-Josef Nocke, Liebe, Tod und Auferstehung. Über die Mitte des Glaubens, München [3]1993, 58f.

18 Vgl. ebd. 74–92.

19 Vgl. ebd. 21–25 u. 67–73.

20 Enzyklika *Deus caritas est* 7.

21 GS 48.

22 GS 49.

23 Ebd.

24 S. dazu u. a. Walter Kern/Franz-Josef Niemann, Theologische Erkenntnislehre, Düsseldorf 1981, 98–124; Max Seckler, Tradition und Fort-

schritt, in: Christlicher Glaube in moderner Gesellschaft, Bd. 23 (1982), 7–53; Lydia Bendel-Maidl, Tradition und Innovation. Zur Dialektik von historischer und systematischer Perspektive in der Theologie, Münster 2004.

25 Kommentar zu *Dei Verbum*, 8, in: LThK, 2. Aufl., Ergänzungsband 2, 519.

26 Ebd.

27 Nietzsche, Jenseits von Gut und Böse. Viertes Hauptstück, 168.

28 So ist ja wohl der Titel des Buches von Martin M. Lintner, Den Eros entgiften. Plädoyer für eine tragfähige Sexualmoral und Beziehungsethik, Brixen/Innsbruck/Wien 2011, gemeint. Zum Programm dieses Vorhabens s. Sigrid Müller, Den Eros entgiften. Ein Hoffnungsprojekt, in: ebd., 160–163.

Kapitel 5: Korrekturen und Neuakzentuierungen

1 Margaret A. Farley, Just Love, Deutsche Übers. unter dem (etwas reißerischen) Titel: Verdammter Sex. Für eine neue christliche Sexualmoral, Darmstadt 2014, 158f.

2 S. dazu Gottfried Bachl, Der beschädigte Eros. Frau und Mann im Christentum, Freiburg i. Br. 1989, 31–40.

3 KKK 369.

4 S. etwa Wolfgang Schrage, Ethik des Neuen Testamentes, Göttingen [5]1989, 259f.

5 Apostolisches Schreiben *Mulieris dignitatem* (1988), 24.

6 Vgl. 1 Cor 7. L1 (20: 667b).

7 S. GS 47–52.

8 Vgl. Can. 1013 §1 CIC (1917).

9 S. dazu die bei Jochen Sautermeister, Sexualität und Identität. Theologisch-ethische und moralanthropologische Reflexionen, in: Konrad Hilpert (Hg.), Zukunftshorizonte katholischer Sexualethik, Freiburg i. Br. 2011, 112–133, ausgewertete Literatur.

10 Vgl. Arbeitspapier der Gemeinsamen Synode Nr. 3.1.2.2.

11 Vgl. GS 48 u. 50. Ferner: HV 12, FC 32, c. 1055 CIC (1983), KKK 2363 u. a.

12 Vgl. HV 14.

13 Bereits GS 47–52. Ferner HV 8f., FC 18 und 63. Korrespondierend zur Semantik der Liebe verschwindet die in früheren kirchlichen Dokumenten noch regelmäßig anzutreffende Terminologie von Herrschaft und Gehorsam.

14 Vgl. GS 47–52.
15 Dazu: Hartmann Tyrell, Die Familienrhetorik des II. Vatikanums und die gegenwärtige Deinstitutionalisierung von Ehe und Familie, in: Franz-Xaver Kaufmann/Arnold Zingerle (Hg.), Vatikanum II und Modernisierung. Historische, theologische und soziologische Perspektiven, Paderborn u. a. 1996, 353–373, sowie: Rainer Bucher, Kirche, Macht und Körper. Eine pastoraltheologische Perspektive, in: Regina Ammicht Quinn (Hg.), „Guter" Sex: Moral, Moderne und die katholische Kirche, Paderborn u. a. 2013, 123–137, bes. 127–131.
16 Vgl. HV 12 u. 14.
17 Vgl. FC 32.
18 Apostolisches Schreiben *Evangelii Gaudium* (EG) (2013), 39.
19 GS 1.
20 Dogmatische Konstitution *Lumen Gentium* (LG) 1.
21 GS 45.

Kapitel 6: Von der Sexualmoral zur Beziehungsethik

1 Besonders deutlich: FC 15.
2 GS 47.
3 GS 50.
4 Vgl. GS 50.
5 Besonders GS 49.
6 GS 49.
7 Als Überblick s. etwa: Béatrice Bowald, Prostitution. Überlegungen aus ethischer Perspektive zu Praxis, Wertung und Politik, Zürich/Berlin 2010, 59–141.
8 Jürg Willi, Psychologie der Liebe. Persönliche Entwicklung durch Partnerbeziehungen, Reinbek 2004, 27.
9 Beispielsweise Gunter Schmidt u. a. (Hg.), Spätmoderne Beziehungswelten. Report über Partnerschaft und Sexualität in drei Generationen, Wiesbaden 2006.
10 Victor Warnach, Agape. Die Liebe als Grundmotiv der neutestamentlichen Theologie, Düsseldorf 1951, 19–27; Clive S. Lewis, Vier Arten der Liebe, Einsiedeln 1961 (Orig.: 1960); Bernhard Häring, Das Gesetz Christi, Freiburg i. Br. ⁶1961, Bd. III, 280–284; Johann B. Lotz, Die Stufen der Liebe. Eros – Philia – Agape, Frankfurt a. M. 1971; Josef Pieper, Über die Liebe, München 1972; Ingolf D. Dalferth, Selbstlose Leidenschaften. Christlicher Glaube und menschliche Passionen, Tübingen 2013, 169–175.

11 Dorothee Sölle, Lieben und arbeiten. Eine Theologie der Schöpfung, Stuttgart ³1986, 190.

12 S. dazu: Raimund M. Luschin, Selbstwerdung im Humanfeld der eigenen Geschlechtlichkeit. Reifungsschritte in der körperlich-leiblichen Selbsterfahrung, in: Konrad Hilpert (Hg.), Zukunftshorizonte katholischer Sexualethik, Freiburg i. Br. 2011, 388–400.

13 Zum Verhältnis von Liebe und Achtung s. den Beitrag von Susanne Schmetkamp, Liebesleben. Über das Verhältnis von Liebe und Achtung, in: Angelika Krebs/Georg Pfleiderer/Kurt Seelmann (Hg.), Ethik des gelebten Lebens. Basler Beiträge zu einer Ethik der Lebensführung, Zürich 2011, 111–137.

14 Zur Rolle der Achtung sind noch immer Kants Überlegungen aufschlussreich. In der „Metaphysik der Sitten" unterscheidet er hinsichtlich der Liebe zwischen Liebe als Empfindung und Liebe als uneigennützigem Wohlwollen gegen Menschen. Eine Pflicht zu lieben im ersten Sinn sei ein Unding; jedoch „anderen Menschen nach unserem Vermögen wohlzutun [sei] Pflicht, man mag sie lieben oder nicht" (Metaphysik der Sitten. Tugendlehre: A 39–41).

Kapitel 7: Die umstrittenen Einzelprobleme und Perspektiven für ihre Klärung

1 Insbesondere: *Familiaris consortio*, Katechismus der Katholischen Kirche, *Dignitas personae*.

2 GS 50.

3 HV 10 u. 16.

4 FC 32–35.

5 Vgl. 2.2.2.1–2.2.2.2.

6 Dazu vgl. HV 14 u. 16.

7 Eine Fülle von Erfahrungsberichten bietet Michael Nowak (Hg.), Eheliche Praxis – kirchliche Lehre. Erfahrungsberichte, Mainz 1966 (Orig.: 1964). S. auch die Dokumentation der (ohne Erlaubnis) aufgezeichneten Gespräche von Norberto Valentini/Clara di Meglio, Sexualität im Beichtstuhl, Zug 1974 (Orig.: 1973).

8 GS 51.

9 S. dazu etwa: Laszlo A. Vaskovics/Marina Rupp/Barbara Hofmann, Lebensverläufe in der Moderne: Nichteheliche Lebensgemeinschaften. Eine soziologische Längsschnittstudie, Opladen 1997, 28–30 u. ö.

10 Erklärung der Glaubenskongregation zu einigen Fragen der Sexualethik (1975), 7. Vgl. KKK 2390.

11 KKK 2353.

12 4.2.4.

13 Claudia Paganini, Beziehung – Scheitern – Neuanfang. Eine philosophische Spurensuche zur Frage der geschiedenen Wiederverheirateten, in: Markus Graulich/Martin Seidnader (Hg.), Zwischen Jesu Wort
   und Norm. Kirchliches Handeln angesichts von Scheidung und Wiederheirat, Freiburg i. Br. 2014, 13–25, hier: 16.

14 Johannes Paul II., Die menschliche Liebe im göttlichen Heilsplan.
   Eine Theologie des Leibes. Mittwochskatechesen von 1979–1984, hg.
   v. Norbert und Renate Martin, Kisslegg ⁴2014.

15 Z. B. KKK 2384, Erklärung des Päpstlichen Rats für die Gesetzestexte
   über die Kommunion für Wiederverheiratete (2000), 2.

16 S. dazu Eberhard Schockenhoff, Chancen zur Versöhnung? Die Kirche und die wiederverheirateten Geschiedenen, Freiburg i. Br. ²2012,
   99–125.

17 Dazu Paganini, Beziehung – Scheitern – Neuanfang, a. a. O., 25.

18 Dominik Markl, Jesu Argumentation gegen die Institution der Ehe-
   scheidung nach Markus 10,2–12; Matthäus 19,3–9 als angewandte
   Rechtshermeneutik der Tora, in: Graulich/Seidnader (Hg.), Zwischen
   Jesu Wort und Norm. Kirchliches Handeln angesichts von Heirat und
   Wiederheirat, Freiburg i. Br. 2014, 26–47, hier: 43.

19 Mt 5,32: „abgesehen aufgrund von Unzucht"; Mt 19,9: „außer bei Unzucht"; 1 Kor 7,10–16: „Den Verheirateten aber gebiete nicht ich, sondern der Herr, dass eine Frau sich nicht vom Mann scheiden lassen
   soll [...] Den Übrigen aber sage ich, nicht der Herr: Wenn ein Bruder
   eine ungläubige Frau hat und sie willigt ein, bei ihm zu wohnen, so
   entlasse er sie nicht. Und eine Frau, die einen ungläubigen Mann hat,
   und der willigt ein, bei ihr zu wohnen, entlasse den Mann nicht. [...]
   Wenn aber der Ungläubige sich scheidet, so scheide er sich. Der Bruder oder die Schwester ist in solchen Fällen nicht gebunden [...]".

20 Siehe dazu die ältere, gerade dem Beweis der Gegenthese verpflich-
   tete, aber wegen ihrer Materialfülle immer noch unersetzliche Studie
   von George H. Joyce, Die christliche Ehe. Eine geschichtliche und
   dogmatische Studie, Leipzig 1934. Ferner: Schockenhoff, Chancen
   zur Versöhnung, a. a. O., 49–64.

21 Paganini, Beziehung – Scheitern – Neuanfang, a. a. O., 24.

22 3.5.2.1.

23 KKK 2358.

24 KKK 2358.

25 Erklärung der Glaubenskongregation zu einigen Fragen der Sexualethik, 8.

26 KKK 2359.

27 Gabriel Looser, Gleichgeschlechtlichkeit ohne Vorurteil. Ein Theologe stellt Fragen an das gesellschaftliche und kirchliche Menschenbild, Basel 1980; Wunibald Müller, Homosexualität – eine Herausforderung für Theologie und Seelsorge, Mainz 1986; Wilhelm Korff, Art. Homosexualität III: Theologisch-ethisch, in: LThK³, Bd. 5 (1996), 255–259; Konrad Hilpert, Zur Problematik gleichgeschlechtlicher Partnerschaften, in: ders. (Hg.), Zukunftshorizonte katholischer Sexualethik, Freiburg i. Br. 2011, 288–299; ders., Gelebte Liebe, Treue und Verantwortung: Gleichgeschlechtliche Partnerschaft, in: Marianne Heimbach-Steins/Gerhard Kruip/Saskia Wendel (Hg.), Kirche 2011: Ein notwendiger Aufbruch. Argumente zum Memorandum, Freiburg i. Br. 2011, 277–282; Stefan Goertz, Eine Form des Liebens. Für einen Perspektivenwechsel in der Beurteilung der Homosexualität, in: Herder Korrespondenz Spezial Okt. 2014, 44–49.

28 KKK 2357.

29 S. dazu: Konrad Hilpert, Ehe für alle?, in: ders./Bernhard Laux (Hg.), Leitbild am Ende? Der Streit um Ehe und Familie, Freiburg i .Br. 2014, 209–226.

30 Presbyterorum Ordinis (1965), 16.

31 C. 277 CIC. Vgl. dazu: c. 1087, wo die Eheschließung von Klerikern mit höheren Weihen für ungültig erklärt wird.

32 C. 373 Codex Canonum Ecclesiarum Orientalium (CCEO). Vgl. außerdem c. 804 u. 180 CCEO.

33 C. 277 CIC.

34 Presbyterorum Ordinis, 16.

35 So c. 277 CIC.

36 Diese These wird von Maria Widl im Beitrag Die Ehe – eine prophetische Lebensform, in: Markus Graulich/Martin Seidnader (Hg.), Zwischen Jesu Wort und Norm. Kirchliches Handeln angesichts von Scheidung und Wiederheirat, Freiburg i. Br. 2014, 243–254, stark gemacht.

Kapitel 8: Normen, Werte, Lebensformen

1 U. a.: Johannes Gründel, Normen im Wandel. Eine Orientierungshilfe für christliches Leben heute, München 1980, 92–118; Dietmar Mieth, Moral und Erfahrung, 2 Bde., Freiburg i. Ue./Freiburg i. Br. 1998/99; ders., Art. Erfahrung, in: Marcus Düwell/Christoph Hübenthal/Micha H. Werner (Hg.), Handbuch Ethik, Stuttgart/Weimar 2002, 336–341; Klaus Demmer, Moraltheologische Methodenlehre, Freiburg i. Ue./ Freiburg i. Br. 1989, 58–61.

2 Das bekannteste Beispiel aus dem Bereich der Medizinethik ist das Buch „Principles of Biomedical Ethics" von Tom L. Beauchamp und James F. Childress (Oxford ⁶2009).

3 John Dewey, Theory of the moral life, New York 1996 (Orig.: 1908). Zur Erläuterung von „Abduktion" s. u. a.: Kurt Bayertz, Moral als Konstruktion. Zur Selbstaufklärung der angewandten Ethik, in: Peter Kampits/Anja Weinberg (Hg.), Angewandte Ethik, Wien 1999, 73–89, und Christoph Hubig, Abduktion. Das implizite Voraussetzen von Regeln, in: Gerd Jüttermann (Hg.), Individuelles und soziales Handeln, Heidelberg 1991, 157–167.

4 Jens Badura, Art. Kohärentismus, in: Düwell/Hübenthal/Werner (Hg.), Handbuch Ethik, a. a. O., 194–205.

5 John Rawls, Eine Theorie der Gerechtigkeit, Frankfurt a. M. ¹⁰1998 (Orig.: 1971), 38f. u. 68–71.

6 EG 45.

7 EG 47.

8 Offener Brief des Bischofs von Antwerpen „Die Bischofssynode über die Familie. Erwartungen eines Diözesanbischofs", 15 (deutsche Übersetzung von Ulrich Ruh unter: www.wir-sind-kirche.at/sites/default/ files/synode_uber_die_familie_d.pdf [Zugriff am 1.7.2015]).

9 Vgl. ebd., 16–18.

10 S. dazu die zugespitzten Thesen von Gertrude Reidick, Die hierarchische Struktur der Ehe, München 1953, 166–170 u. 194–196.

11 Vgl. Rahel Jaeggi, Kritik von Lebensformen, Berlin 2014, 20f.

12 S. ebd. 94–141.

13 Näheres dazu bei Konrad Hilpert, Partnerschaftliche Lebensformen im Plural, in: Kerygma und Dogma 61 (2015), 181–194.

Kapitel 9: Kommunikation über Moral im Raum der Kirche

1 Zusammenfassung der Antworten aus den deutschen (Erz-)Diözesen auf die Fragen im Vorbereitungsdokument für die Dritte Außerordentliche Vollversammlung der Bischofssynode 2014, zu Fragen 1d, 4d, 9.

2 Kongregation für die Glaubenslehre, Instruktion *Dignatis Personae* (DP) (2008), 3.

3 So z. B. Erklärung zu einigen Fragen der Sexualethik, 1.

4 Ebd., 2 u. 6. Vgl. Erwägungen der Kongregation für die Glaubenslehre zu den Entwürfen einer rechtlichen Anerkennung der Lebensgemeinschaften zwischen homosexuellen Personen (2003), 5.

5 DP 1.

6 Diese Zielrichtung verfolgen ausdrücklich und mit Nachdruck die Erwägungen zu den Entwürfen einer rechtlichen Anerkennung der Lebensgemeinschaften zwischen homosexuellen Personen, 1 u. 10.

7 Dieser Topos geht auf das Konzil von Trient zurück und fand seine prominenteste Verwendung in der Überschrift der Sozialenzyklika *Mater et Magistra* (1961).

8 Diesen Topos verwenden die Lineamenta für die XIV. Ordentliche Generalversammlung der Bischöfe im Oktober, 2.

9 In Anlehnung an Alois Hahn (Konstruktionen des Selbst, der Welt und der Geschichte, Frankfurt a. M. 2000, 100) könnte man sogar von „biographischen Generatoren" sprechen.

10 S. LG 1–17.

11 Zur Vorgeschichte dieses Anliegens, zu seiner Behandlung durch das Konzil, zu den diesbezüglichen nachkonziliaren Entwicklungen sowie zur systematisch-theologischen Ausgestaltung s. jetzt auch: Peter Neuner, Abschied von der Ständekirche. Plädoyer für eine Theologie des Gottesvolkes, Freiburg i. Br. 2015.

12 Dekret über das Laienapostolat *Apostolicam actuositatem* (AA).

13 AA 2–4, LG 31 u. 33, GS 43 u. a.

14 AA 10.

15 GS 16.

16 GS 16f. u. 22.

17 GS 44 u. LG 31.

18 GS 43 u. 44.

19 Dazu: LG 37, vgl. GS 92.

20 Zusammenfassung der Antworten, a. a. O., zu Fragen 1d u. 9.

21 Beschluss Ehe und Familie, 3.4.2.1–3.4.2.5 u. 4.2.3.

22 GS 43.

23 Vgl. etwa: Kurt Bayertz, Praktische Philosophie als angewandte Ethik, in: ders. (Hg.), Praktische Philosophie. Grundorientierungen Angewandter Ethik, Reinbek 1991, 7–47.

24 Näheres hierzu bei: Konrad Hilpert, Was ist ein moralisches Problem aus Sicht der theologischen Ethik?, in: Michael Zichy/Jochen Ostheimer/Herwig Grimm (Hg.), Was ist ein moralisches Problem?, Freiburg i. Br./München 2012, 86–109, bes. 96–101.

25 Beispiele: Die Deutschen Bischöfe, Handreichung der Jugendkommission zur Prävention sexualisierter Gewalt im Bereich der Jugendpastoral, Bonn 2011; und Leitlinien zum Umgang mit und zur Prävention von sexueller Gewalt des Bundesverbandes Caritas Behindertenhilfe und Psychiatrie, in: Neue Caritas 5/2012, I–XVIII.

Kapitel 10: Beständigkeit oder Veränderung?

1 So auch die BDKJ-Auswertung zur ersten vatikanischen Synodenumfrage, zu Frage 1.

2 Dass diese Frage darüber hinaus im Grunde alle sogenannten Geisteswissenschaften betrifft, zeigen die Beiträge in Hans Trümpy (Hg.), Kontinuität, Diskontinuität in den Geisteswissenschaften, Darmstadt 1973.

3 Auch das *Instrumentum laboris* vom Juni 2014, das die Reaktionen auf die Befragung zusammenfasst, berichtet ausführlich vom Wunsch nach Erneuerung der Sprache und der Notwendigkeit, den Sprachgebrauch zu verbessern (30).

4 Ebd., 30.

5 Ebd., 33.

6 Siehe Johan Bonny, Die Bischofssynode über die Familie: Erwartungen eines Diözesanbischofs (unter: http://www.wir-sind-kirche.at/sides/default/files/synode_uber_die_familie_d.pdf [Zugriff am 1.7.2015], 8).

7 Vgl. dazu ausführlicher den Beitrag von Franz Böckle, Die kulturgeschichtliche Bedingtheit theologisch-ethischer Normen, in: Trümpy (Hg.), Kontinuität, Diskontinuität, a. a. O., 115–132.

8 Ebd., 132.

9 Karl Hörmann, Kirche und zweite Ehe. Um die Zulassung wiederverheirateter Geschiedener zu den Sakramenten, Innsbruck u. a. 1973; Johannes Gründel, Die Zukunft der christlichen Ehe. Erwartungen, Konflikte, Orientierungshilfen, München ²1979, 154f.; Alfons Auer, Seelsorge mit wiederverheirateten Geschiedenen, in: Theologische

Quartalsschrift 175 (1995), 84–95; Günter Virt, Die vergessene Tugend der Epikie, in: Theodor Schneider (Hg.), Geschieden – Wiederverheiratet – Abgewiesen? Antworten der Theologie, Freiburg u.a. 1995, 267–283; Martin M. Lintner, Geschieden und Wiederverheiratet. Zur Problematik aus theologisch-ethischer Perspektive, in: Markus Graulich/Martin Seidnader (Hg.), Zwischen Jesu Wort und Norm. Kirchliches Handeln angesichts von Scheidung und Wiederheirat, Freiburg i. Br. 2014, 193–215.

10 *Instrumentum laboris*, 95.

11 Für einen Überblick s. Virt, Die vergessene Tugend, a. a. O., 267–283.

12 Aristoteles, Nikomachische Ethik V, 14 (1137b 26f.).

13 Gründel, Christliche Ehe, a. a. O., 155. Ähnlich: Virt, Die vergessene Tugend, a. a. O., 280f.

14 Ansprache an die Mitglieder der Rota vom 10. Februar 1995, 8.

15 Lintner, Geschieden und Wiederverheiratet, a. a. O., 210.

16 Johan Bonny, Die Bischofssynode über die Familie, a. a. O., hier: 8.

17 Ebd., 8 (Hervorhebungen von mir, K. H.)

18 Näheres hierzu bei Johanna Rahner, Semper ipse nunquam idem. Relecture des Zweiten Vatikanischen Konzils im heutigen kirchlichen Kontext, in: Münchener Theologische Zeitschrift 64 (2013), 385–398, bes. 392–396.

19 S. LG 8 u. 14–16; Ökumenismusdekret *Unitatis Redintegratio*, 3.

20 FC 34.

21 *Relatio synodi*, 18 u. 20.

22 FC 34.

23 Für eine umsichtige Analyse s. Jochen Sautermeister, Zum Prinzip der Gradualität im Kontext der Familiensynode. Das Prozesshafte in der Lebensführung, in: Herder Korrespondenz 69 (2015), 229–233.

24 GS 44.

25 Ebd.

26 Ebd.

27 LG 1.

28 GS 1.

29 S. dazu Konrad Hilpert, „Mit der Tradition in Einklang". Über Berechtigung und Missverständnisse einer theologischen Denkform, in: Münchener Theologische Zeitschrift 60 (2009), 271–283.

30 Z. B. *Relatio Synodi*, 5 –11.

Kapitel 11: Beziehungsethik im Kontext der Wissensperspektiven

1 U. a. die Arbeiten von Philippe Ariès, Geschichte der Kindheit, München 2003 (Orig.: 1960); Edward Shorter, Die Geburt der modernen Familie, Reinbek 1977 (Orig.: 1975); Werner Conze, Sozialgeschichte der Familie in der Neuzeit Europas, Stuttgart 1976; Heidi Rosenbaum, Formen der Familie, Frankfurt a. M. 1993; Michael Mitterauer, Geschichte der Familie, Stuttgart 2003; und zuletzt: Monika Wienfort, Verliebt, Verlobt, Verheiratet. Eine Geschichte der Ehe seit der Romantik, München 2014.

2 Düsseldorf 1982.

3 Ebd. 116ff.

4 Ebd. 106ff.

5 Zu dieser Perspektive s. u. a. Wienfort, Verliebt, Verlobt, Verheiratet, a. a. O., bes. 300–303.

6 S. Anagyros Anapliotis, Ehescheidung und Oikonomia im kanonischen Recht der Orthodoxen Kirche, in: Markus Graulich/Martin Seidnader (Hg.), Zwischen Jesu Wort und Norm. Kirchliches Handeln angesichts von Heirat und Wiederheirat, Freiburg i. Br. 2014, 127–144, hier: 128.

7 Ebd., 129.

8 Weitere Gründe: vgl. ebd., 131–141.

9 Vgl. DH 1797–1812.

10 Einzelne ermutigende Beispiele für bestimmte Fragen und bilaterale Vergleiche gibt es bereits, so etwa im Herder Korrespondenz Spezial „Leibfeindliches Christentum? Auf der Suche nach einer neuen Sexualmoral" vom Oktober 2014 die Beiträge von Piet Reiyer, Zum Beispiel Indien. Wie reagiert die Kirche auf HIV/AIDS und die Lage der discordant couples? (53–57), Walter Homolka, Heiligung des Natürlichen. Eine jüdische Perspektive auf die menschliche Sexualität (57–61) und Rabeya Müller, In bester Form erschaffen. Menschliche Sexualität aus der Sicht des Islam (61–64); Bénézet Bujo, Plädoyer für ein neues Modell von Ehe und Sexualität. Afrikanische Anfragen an das westliche Christentum, Freiburg i. Br. 2007. Ferner: Margaret A. Farley, Verdammter Sex, a. a. O., 78–80.

Kapitel 12: Lebensführung, Glaube und Kirche

1 So bereits das II. Vatikanum in der berühmten amtlichen Fußnote zu Beginn der Pastoralkonstitution *Gaudium et spes*. Aufschlussreiches zum Begriff der „Pastoral" bei: Rainer Bucher, Nur ein Pastoralkonzil? Zum Eigenwert des Zweiten Vatikanischen Konzils, in: Herder Korrespondenz Spezial „Konzil im Konflikt. 50 Jahre Zweites Vatikanum", Okt. 2012, 9–13.

2 S. dazu Karl-Heinz Kleber, De parvitate materiae in sexto. Ein Beitrag zur Geschichte der katholischen Moraltheologie, Regensburg 1971, der die Frage allerdings umgekehrt angeht.

3 Erklärung zu einigen Fragen der Sexualethik (1971), 10.

4 Walter Kasper, Das Evangelium von der Familie. Die Rede vor dem Konsistorium, Freiburg i. Br. 2014, 30–34.

5 Papst Franziskus, „Und jetzt beginnen wir diesen Weg!" Die ersten Botschaften des Pontifikats, Freiburg i. Br. 2013, 34f. u. 37.

6 Zusammengefasst aus EG 43, 44, 112, 114, 164, 179.

7 Alle Stellen: EG 43.

8 Ebd. (mit Bezug auf S.th. I–II, 107,4).

9 Walter Kasper, Barmherzigkeit. Grundbegriff des Evangeliums – Schlüssel christlichen Lebens, Freiburg i. Br. 2012.

10 Walter Kasper, Das Evangelium von der Familie, a. a. O.

11 Der gesamte Wortlaut der Rede vor der Bischofssynode ist noch nicht publiziert, jedoch gibt es Berichte und Interviews, aus denen man sich ein Bild vom Inhalt machen kann.

12 Kasper, Das Evangelium von der Familie, a. a. O., 60.

13 Konrad Hilpert, „Im Namen Gottes". Anspruch und Grenzen der Religionsfreiheit, München 2006.

14 Beispiele bei Karl-Wilhelm Merks, Göttliches Recht, menschliches Recht, Menschenrechte. Die Menschlichkeit des ius divinum, in: Stephan Goertz/Magnus Striet (Hg.), Nach dem Gesetz Gottes. Autonomie als christliches Prinzip, Freiburg i. Br. 2014, 9–46, hier: 29 –46.

Literaturverzeichnis

Amtliche kirchliche Dokumente

Arbeitspapier Sinn und Gestaltung menschlicher Sexualität (1973), in: Gemeinsame Synode der Bistümer in der Bundesrepublik Deutschland. Offizielle Gesamtausgabe II, Freiburg/Basel/Wien 1977, 163–183.

Benedikt XVI., Enzyklika *Caritas in veritate* (2005), in: Verlautbarungen des Apostolischen Stuhls 186.

Benedikt XVI., Enzyklika *Deus caritas est* (2005), in: Verlautbarungen des Apostolischen Stuhls 171.

Beschluss Christlich gelebte Ehe und Familie (1975), in: Gemeinsame Synode der Bistümer in der Bundesrepublik Deutschland. Offizielle Gesamtausgabe I, Freiburg/Basel/Wien 1976, 423–457.

Codex Iuris Canonici (1983), deutsche Übersetzung, Kevelar [5]2001.

Dekret über das Apostolat der Laien *Apostolicam actuositatem* (1965), in: Karl Rahner/Herbert Vorgrimler, Kleines Konzilskompendium: Sämtliche Texte des Zweiten Vatikanums, Freiburg i. Br. [27]1998.

Die Deutschen Bischöfe, Wort „Ehe und Familie – in guter Gesellschaft" (1998), in: Die Deutschen Bischöfe. Hirtenschreiben, Erklärungen 61.

Die Deutschen Bischöfe, Wort zur seelsorglichen Lage nach Erscheinen der Enzyklika Humanae vitae (sog. Königsteiner Erklärung 1968), in: Sekretariat der deutschen Bischofskonferenz (Hg.), Dokumente der Deutschen Bischofskonferenz, Bd. 1 (1965–1968), Köln 1998, 465–471.

Die pastoralen Herausforderungen der Familie im Kontext der Evangelisierung. Texte zur Bischofssynode 2014 und Dokumente der Deutschen Bischofskonferenz, in: Arbeitshilfen 273.

Dogmatische Konstitution *Lumen gentium* über die Kirche (1964), in: Karl Rahner/Herbert Vorgrimler, Kleines Konzilskompendium: Sämtliche Texte des Zweiten Vatikanums, Freiburg i. Br. [27]1998.

Franziskus, Apostolisches Schreiben *Evangelii gaudium* (2013), in: Verlautbarungen des Apostolischen Stuhls 194.

Heinrich Denzinger, Kompendium der Glaubensbekenntnisse und kirchlichen Lehrentscheidungen, hg. von Peter Hünermann, Freiburg/ Basel/Wien [40]2005.

Johannes Paul II., Apostolisches Schreiben *Familiaris consortio* (1981), in: Verlautbarungen des Apostolischen Stuhls 33.

Johannes Paul II., Enzyklika *Evangelium vitae* über den Wert und die Unantastbarkeit des menschlichen Lebens (1995), in: Verlautbarungen des Apostolischen Stuhls 120.

Johannes Paul II., Enzyklika *Veritatis splendor* über einige grundlegende Fragen der kirchlichen Morallehre (1993), in: Verlautbarungen des Apostolischen Stuhls 111.

Katechismus der Katholischen Kirche: Neuübersetzung aufgrund der Editio typica Latina, München u. a. 2007.

Kongregation für die Glaubenslehre, Erwägungen zu einigen Fragen der Sexualethik (1975), in: Verlautbarungen des Apostolischen Stuhls 1.

Kongregation für die Glaubenslehre, Einige Anmerkungen bezüglich der Gesetzesvorschläge zur Nicht-Diskriminierung homosexueller Personen (1992), online unter: http://www.vatican.va/roman_curia/congregations/cfaith/documents/rc_con_cfaith_doc_19920724_homosexual-persons_ge.html (Zugriff am 15.07.2015)

Kongregation für die Glaubenslehre, Erwägungen zu den Entwürfen einer rechtlichen Anerkennung der Lebensgemeinschaften zwischen homosexuellen Personen (2003), in: Verlautbarungen des Apostolischen Stuhls 162.

Kongregation für die Glaubenslehre, Instruktion *Donum vitae* über die Achtung vor dem beginnenden menschlichen Leben und die Würde der Fortpflanzung (1987), in: Verlautbarungen des Apostolischen Stuhls 74.

Kongregation für die Glaubenslehre, Instruktion *Dignitas personae* über einige Fragen der Bioethik (2008), in: Verlautbarungen des Apostolischen Stuhls 183.

Pastorale Konstitution *Gaudium et spes* über die Kirche in der Welt von heute (1965), in: Karl Rahner/Herbert Vorgrimler, Kleines Konzilskompendium: Sämtliche Texte des Zweiten Vatikanums, Freiburg i. Br. [27]1998.

Paul VI., Enzyklika *Humanae vitae* (1968), online unter: http://w2.vatican.va/content/paul-vi/de/encyclicals/documents/hf_p-vi_enc_2507 1968_humanae-vitae.html (Zugriff am 15.07.2015).

Rat der Evangelischen Kirche in Deutschland (EKD), Zwischen Autonomie und Angewiesenheit, Familie als verlässliche Gemeinschaft stärken. Eine Orientierungshilfe, Gütersloh 2013.

Weitere Literatur

Anagyros Anapliotis, Ehescheidung und Oikonomia im kanonischen Recht der Orthodoxen Kirche, in: Markus Graulich/Martin Seidnader (Hg.), Zwischen Jesu Wort und Norm. Kirchliches Handeln angesichts von Heirat und Wiederheirat, Freiburg i. Br. 2014, 127–144.

Philippe Ariès, Geschichte der Kindheit, München 2003 (Orig.: 1960).

Klaus Arntz, „Gelingendes Leben in Ehe und Familie!" Grundlagen der Sexualmoral, in: ders. u. a., Orientierung finden. Ethik der Lebensbereiche, Freiburg i. Br. 2008, 61–126.

Alfons Auer, Seelsorge mit wiederverheirateten Geschiedenen, in: Theologische Quartalsschrift 175 (1995), 84–95.

Gottfried Bachl, Der beschädigte Eros. Frau und Mann im Christentum, Freiburg i. Br. u. a. 1989, 31–40.

Jens Badura, Art. Kohärentismus, in: Marcus Düwell/Christoph Hübenthal/Micha H. Werner (Hg.), Handbuch Ethik, Stuttgart/Weimar 2002, 194–205.

Wolfgang Bartholomäus, Glut der Begierde – Sprache der Liebe. Unterwegs zur ganzen Sexualität, München 1987.

Ders., Unterwegs zum Lieben. Erfahrungsfelder der Sexualität, München 1988.

Kurt Bayertz, Moral als Konstruktion. Zur Selbstaufklärung der angewandten Ethik, in: Peter Kampits/Anja Weinberg (Hg.), Angewandte Ethik, Wien 1999, 73–89.

Ders., Praktische Philosophie als angewandte Ethik, in: ders. (Hg.), Praktische Philosophie. Grundorientierungen Angewandter Ethik, Reinbek 1991, 7–47.

BDKJ, Auswertung zur ersten vatikanischen Synodenumfrage, online unter: http://www.bdkj.de/fileadmin/redakteur/bilder/themen/Vatikan-Umfrage/Vatikan_Umfrage_Auswertung.pdf (Zugriff am 23.07.2015).

Lydia Bendel-Maidl, Tradition und Innovation. Zur Dialektik von historischer und systematischer Perspektive in der Theologie, Münster 2004.

Tom L. Beauchamp/James F. Childress, Principles of Biomedical Ethics, Oxford [6]2009.

Franz-Xaver Bischof, Das Junktim von Priestertum und Zölibatsverpflichtung, in: Konrad Hilpert (Hg.), Zukunftshorizonte katholischer Sexualethik, Freiburg i. Br. 2011.

Franz Böckle/Ernst-Wolfgang Böckenförde (Hg.), Naturrecht in der Kritik, Mainz 1973.

Franz Böckle, Die kulturgeschichtliche Bedingtheit theologisch-ethischer Normen, in: Hans Trümpy (Hg.), Kontinuität, Diskontinuität in den Geisteswissenschaften, Darmstadt 1973, 115–132.

Ders. (Hg.), Der umstrittene Naturbegriff. Person, Natur, Sexualität in der kirchlichen Morallehre, Düsseldorf 1987.

Johan Bonny, Die Bischofssynode über die Familie: Erwartungen eines Diözesanbischofs, online unter: www.wir-sind-kirche.at/sites/default/files/synode_uber_die_familie_d.pdf (Zugriff am 1.7.2015).

Béatrice Bowald, Prostitution. Überlegungen aus ethischer Perspektive zu Praxis, Wertung und Politik, Zürich/Berlin 2010.

Peter Brown, Die Keuschheit der Engel. Sexuelle Entsagung, Askese und Körperlichkeit im frühen Christentum, München 1991 (Orig.: 1988).

Rainer Bucher, Nur ein Pastoralkonzil? Zum Eigenwert des Zweiten Vatikanischen Konzils, in: Herder Korrespondenz Spezial Okt. 2012, 9–13.

Ders., Kirche, Macht und Körper. Eine pastoraltheologische Perspektive, in: Regina Ammicht Quinn (Hg.), „Guter" Sex: Moral, Moderne und die katholische Kirche, Paderborn u. a. 2013, 123–137.

Bénézet Bujo, Plädoyer für ein neues Modell von Ehe und Sexualität. Afrikanische Anfragen an das westliche Christentum, Freiburg i. Br. 2007.

Judith Butler, Das Unbehagen der Geschlechter, Frankfurt a. M. 1991 (Orig.: 1990).

Werner Conze, Sozialgeschichte der Familie in der Neuzeit Europas, Stuttgart 1976.

Charles Curran, Sexualität und Ethik, Frankfurt a. M. 1988 (Orig.: entnommen aus mehreren Büchern 1978–1982).

Ingolf D. Dalferth, Selbstlose Leidenschaften. Christlicher Glaube und menschliche Passionen, Tübingen 2013.

Klaus Demmer, Moraltheologische Methodenlehre, Freiburg i. Ue./Freiburg i. Br. 1989.

John Dewey, Theory of the moral life, New York 1996 (Orig.: 1908).

Michael N. Ebertz, Die Entkirchlichung des Körpers. Ein religionssoziologischer Blick, in: Herder Korrespondenz Spezial Okt. 2014, 11–15.

Margaret A. Farley, Verdammter Sex. Für eine neue christliche Sexualmoral, Darmstadt 2014 (Orig.: 2006).

Kurt Flasch, Eva und Adam. Wandlungen eines Mythos, München 2004.

Anne Fleig (Hg.), Die Zukunft von Gender. Begriff und Zeitdiagnose, Frankfurt a. M./New York 2014.

Helmut Fox/Wolfgang Pauly, Befreite Liebe – verantwortete Liebe: eine sexualethische Handreichung, Trier 1999.

Papst Franziskus, „Und jetzt beginnen wir diesen Weg!" Die ersten Botschaften des Pontifikats, Freiburg i. Br. 2013.

Bernhard Fraling, Sexualethik: ein Versuch aus christlicher Sicht, Paderborn u. a. 1995.

Hans Göppert/Wolfgang Wickler (Hg.), Sexualität und Geburtenkontrolle, Freiburg i. Br. 1970.

Stephan Goertz, Streitfall Diskriminierung. Die Kirche und die neue Politik der Menschenrechte, in: Herder Korrespondenz 67 (2013), 78–83.

Ders., Eine Form des Liebens. Für einen Perspektivenwechsel in der Beurteilung der Homosexualität, in: Herder Korrespondenz Spezial Okt. 2014, 44–49.

Andrew Greeley, Sexualität. Phantasie und Festlichkeit, Graz u. a. 1978 (Orig.: Chicago 1975).

Bartolomäus Grill/Stefan Hippler, Gott, AIDS, Afrika. Eine Streitschrift, Köln 2007.

Johannes Gründel, Die Lehre von den Umständen der menschlichen Handlung im Mittelalter, Münster 1963.

Ders., Wandelbares und Unwandelbares in der Moraltheologie, Düsseldorf ²1971.

Ders., Die Zukunft der christlichen Ehe. Erwartungen, Konflikte, Orientierungshilfen, München ²1979.

Ders., Normen im Wandel. Eine Orientierungshilfe für christliches Leben heute, München 1980.

Bernhard Häring, Das Gesetz Christi, Bd. 3, Freiburg i. Br. ⁶1961.

Hermann Häring, Keine Christen zweiter Klasse! Wiederverheiratete Geschiedene – ein theologischer Zwischenruf, Freiburg i. Br. 2014.

Alois Hahn, Konstruktionen des Selbst, der Welt und der Geschichte, Frankfurt a. M. 2000.

Hille Haker, Körperlichkeit im Plural. Geschlechtertheorie und katholisch-theologische Ethik, in: Herder Korrespondenz Spezial Okt. 2014, 20–24.

Konrad Hilpert, Augustinus und die kirchliche Sexualethik, in: Religionsunterricht an höheren Schulen 28 (1985), 364–376.

Ders., „Im Namen Gottes". Anspruch und Grenzen der Religionsfreiheit, München 2006.

Ders., „Mit der Tradition in Einklang". Über Berechtigung und Missverständnisse einer theologischen Denkform, in: Münchener Theologische Zeitschrift 60 (2009), 271–283.

Ders., Zur Problematik gleichgeschlechtlicher Partnerschaften, in: ders. (Hg.), Zukunftshorizonte katholischer Sexualethik, Freiburg i. Br. 2011, 288–299.

Ders., Gelebte Liebe, Treue und Verantwortung: Gleichgeschlechtliche Partnerschaft, in: Marianne Heimbach-Steins/Gerhard Kruip/Saskia Wendel (Hg.), Kirche 2011: Ein notwendiger Aufbruch. Argumente zum Memorandum, Freiburg i. Br. 2011, 277–282.

Ders., Was ist ein moralisches Problem aus Sicht der theologischen Ethik?, in: Michael Zichy/Jochen Ostheimer/Herwig Grimm (Hg.), Was ist ein moralisches Problem?, Freiburg i. Br./München 2012, 86–109.

Ders., Scham, Schamlosigkeit und Schuld, in: Dieter Korczak (Hg.), Schamlos! Analyse der neuen Schamlosigkeit, Kröning 2013, 49–59.

Ders., Ehe für alle?, in: ders./Bernhard Laux (Hg.), Leitbild am Ende? Der Streit um Ehe und Familie, Freiburg i. Br. 2014, 209–226.

Ders., Partnerschaftliche Lebensformen im Plural, in: Kerygma und Dogma 61 (2015), 181–194.

Karl Hörmann, Kirche und zweite Ehe. Um die Zulassung wiederverheirateter Geschiedener zu den Sakramenten, Innsbruck u. a. 1973.

Walter Homolka, Heiligung des Natürlichen. Eine jüdische Perspektive auf die menschliche Sexualität, in: Herder Korrespondenz Spezial Okt. 2014, 57–61.

Christoph Hubig, Abduktion. Das implizite Voraussetzen von Regeln, in: Gerd Jüttermann (Hg.), Individuelles und soziales Handeln, Heidelberg 1991, 157–167.

Rahel Jaeggi, Kritik von Lebensformen, Berlin 2014.

Papst Johannes Paul II., Die menschliche Liebe im göttlichen Heilsplan. Eine Theologie des Leibes. Mittwochskatechesen von 1979–1984, hg. v. Norbert und Renate Martin, Kisslegg [4]2014.

Georg H. Joyce, Die christliche Ehe. Eine geschichtliche und dogmatische Studie, Leipzig 1934.

Robert Jütte, Lust ohne Last. Geschichte der Empfängnisverhütung von der Antike bis zur Gegenwart, München 2003.

Walter Kasper, Barmherzigkeit. Grundbegriff des Evangeliums – Schlüssel christlichen Lebens, Freiburg i. Br. 2012.

Ders., Das Evangelium von der Familie. Die Rede vor dem Konsistorium, Freiburg i. Br. 2014.

Walter Kern/Franz-Josef Niemann, Theologische Erkenntnislehre, Düsseldorf 1981.

Walter Kirchschläger, Ehe und Ehescheidung im Neuen Testament. Überlegungen und Anfragen zur Praxis der Kirche, Wien 1987.

Karl-Heinz Kleber, De parvitate materiae in sexto. Ein Beitrag zur Geschichte der katholischen Moraltheologie, Regensburg 1971.

Wilhelm Korff, Art. Homosexualität III: Theologisch-ethisch, in: LThK³, Bd. 5 (1996), 255–259.

Hans Kramer, Ehe war und wird anders, Düsseldorf 1982.

Gabriele Kuby, Die globale sexuelle Revolution. Zerstörung der Freiheit im Namen der Freiheit, Kisslegg 2012.

Leitlinien zum Umgang mit und zur Prävention von sexueller Gewalt des Bundesverbandes Caritas Behindertenhilfe und Psychiatrie, in: Neue Caritas 5 (2012), I–XVIII.

Clive S. Lewis, Vier Arten der Liebe, Einsiedeln 1961 (Orig.: 1960).

Martin M. Lintner, Den Eros entgiften. Plädoyer für eine tragfähige Sexualmoral und Beziehungsethik, Brixen/Innsbruck/Wien 2011.

Ders., Geschieden und Wiederverhciratet. Zur Problematik aus theologisch-ethischer Perspektive, in: Markus Graulich/Martin Seidnader (Hg.), Zwischen Jesu Wort und Norm. Kirchliches Handeln angesichts von Scheidung und Wiederheirat, Freiburg i. Br. 2014, 193–215.

Johann B. Lotz, Die Stufen der Liebe. Eros – Philia – Agape, Frankfurt a. M. 1971.

Gabriel Looser, Gleichgeschlechtlichkeit ohne Vorurteil. Ein Theologe stellt Fragen an das gesellschaftliche und kirchliche Menschenbild, Basel 1980.

Raimund M. Luschin, Selbstwerdung im Humanfeld der eigenen Geschlechtlichkeit. Reifungsschritte in der körperlich-leiblichen Selbsterfahrung, in: Konrad Hilpert (Hg.), Zukunftshorizonte katholischer Sexualethik, Freiburg i. Br. 2011, 388–400.

Dominik Markl, Jesu Argumentation gegen die Institution der Ehescheidung nach Markus 10,2–12; Matthäus 19,3–9 als angewandte Rechtshermeneutik der Tora, in: Markus Graulich/Martin Seidnader (Hg.), Zwischen Jesu Wort und Norm. Kirchliches Handeln angesichts von Scheidung und Wiederheirat, Freiburg i. Br., 26–47.

Karl-Wilhelm Merks, Göttliches Recht, menschliches Recht, Menschenrechte. Die Menschlichkeit des ius divinum, in: Stephan Goertz/Magnus Striet (Hg.), Nach dem Gesetz Gottes. Autonomie als christliches Prinzip, Freiburg i. Br. 2014, 9–46.

Dietmar Mieth, Geburtenregelung. Ein Konflikt in der katholischen Kirche, Mainz 1990.

Ders., Moral und Erfahrung, 2 Bde., Freiburg i. Ue./Freiburg i. Br. 1998/99.

Ders., Art. Erfahrung, in: Marcus Düwell/Christoph Hübenthal/Micha H. Werner (Hg.), Handbuch Ethik, Stuttgart/Weimar 2002, 336–341.

Michael Mitterauer, Geschichte der Familie, Stuttgart 2003.

Alois Müller/Stephan H. Pfürtner/Bernhard Schnyder (Hg.), Natur und Naturrecht. Ein interfakultäres Gespräch, Köln 1972.

Rabeya Müller, In bester Form erschaffen. Menschliche Sexualität aus der Sicht des Islam, in: Herder Korrespondenz Spezial Okt. 2014, 61–64.

Sigrid Müller, Den Eros entgiften. Ein Hoffnungsprojekt, in: Martin M. Lintner, Den Eros entgiften. Plädoyer für eine tragfähige Sexualmoral und Beziehungsethik, Brixen/Innsbruck/Wien 2011, 160–163.

Wunibald Müller, Homosexualität – eine Herausforderung für Theologie und Seelsorge, Mainz 1986.

Peter Neuner, Abschied von der Ständekirche. Plädoyer für eine Theologie des Gottesvolkes, Freiburg i. Br. 2015.

Franz-Josef Nocke, Liebe, Tod und Auferstehung. Über die Mitte des Glaubens, München ³1993.

Michael Nowak (Hg.), Eheliche Praxis – kirchliche Lehre. Erfahrungsberichte, Mainz 1966 (Orig.: 1964).

Claudia Paganini, Beziehung – Scheitern – Neuanfang. Eine philosophische Spurensuche zur Frage der geschiedenen Wiederverheirateten, in: Markus Graulich/Martin Seidnader (Hg.), Zwischen Jesu Wort und Norm. Kirchliches Handeln angesichts von Scheidung und Wiederheirat, Freiburg i. Br. 2014, 13–25.

Rudolf Pesch, Freie Treue. Die Christen und die Ehescheidung, Freiburg i. Br. 1971.

Stephan H. Pfürtner, Kirche und Sexualität, Reinbek 1972.

Josef Pieper, Über die Liebe, München 1972.

Johanna Rahner, Semper ipse nunquam idem. Relecture des Zweiten Vatikanischen Konzils im heutigen kirchlichen Kontext, in: Münchener Theologische Zeitschrift 64 (2013), 385–398.

Karl Rahner, Das freie Wort in der Kirche. Die Chancen des Christentums, Einsiedeln 1953.

John Rawls, Eine Theorie der Gerechtigkeit, Frankfurt a. M. ¹⁰1998 (Orig.: 1971).

Gertrude Reidick, Die hierarchische Struktur der Ehe, München 1953.

Piet Reijer, Zum Beispiel Indien. Wie reagiert die Kirche auf HIV/AIDS und die Lage der discordant couples?, in: Herder Korrespondenz Spezial Okt. 2014, 53–57.

Geoffrey J. Robinson, Macht, Sexualität und die katholische Kirche. Eine notwendige Konfrontation, Oberursel 2010 (Orig.: Confronting Power and Sex in the Catholic Church: Reclaiming the Spirit of Jesus, Mulgrave [Victoria] 2007).

Heidi Rosenbaum, Formen der Familie, Frankfurt a. M. 1993.

Todd A. Salzmann/Michael G. Lawler, Sexual Ethics. A Theological Introduction, Washington 2012.

Jochen Sautermeister, Sexualität und Identität. Theologisch-ethische und moralanthropologische Reflexionen, in: Konrad Hilpert (Hg.), Zukunftshorizonte katholischer Sexualethik, Freiburg i. Br. 2011, 112–133.

Ders., Das Gegenteil von Barmherzigkeit. Ein theologisch-ethischer Blick auf das Phänomen Skandalisierung, in: Herder Korrespondenz 68 (2014), 187–192.

Ders., Zum Prinzip der Gradualität im Kontext der Familiensynode. Das Prozesshafte in der Lebensführung, in: Herder Korrespendenz 69 (2015), 229–233.

Susanne Schmetkamp, Liebesleben. Über das Verhältnis von Liebe und Achtung, in: Angelika Krebs/Georg Pfleiderer/Kurt Seelmann (Hg.), Ethik des gelebten Lebens. Basler Beiträge zu einer Ethik der Lebensführung, Zürich 2011, 111–137.

Gunter Schmidt, Das Verschwinden der Sexualmoral. Über sexuelle Verhältnisse, Hamburg 1996.

Gunter Schmidt u. a. (Hg.), Spätmoderne Beziehungswelten. Report über Partnerschaft und Sexualität in drei Generationen, Wiesbaden 2006.

Wolfgang Schrage, Ethik des Neuen Testamentes, Göttingen [5]1989.

Eberhard Schockenhoff, Chancen zur Versöhnung? Die Kirche und die wiederverheirateten Geschiedenen, Freiburg i. Br. [2]2012.

Max Seckler, Tradition und Fortschritt, in: Christlicher Glaube in moderner Gesellschaft, Bd. 23 (1982), 7–53.

Edward Shorter, Die Geburt der modernen Familie, Reinbek 1977 (Orig.: 1977).

Volkmar Sigusch, Auf der Suche nach der sexuellen Freiheit. Über Sexualtabus und Politik, Frankfurt a. M./New York 2011.

Dorothee Sölle, Lieben und arbeiten. Eine Theologie der Schöpfung, Stuttgart [3]1986.

Thomas Sternberg/Sebastian Lanwer (Hg.), Sexualität zwischen Tabu und Laissez-faire. Entwicklungen in Gesellschaft und Kirche, Münster 2013.

Frank Surall, Ethik der Lebensformen, in: Wolfgang Huber/Torsten Meireis/Hans-Richard Reuter (Hg.), Handbuch der Evangelischen Ethik, München 2015, 451–516.

Hans Trümpy (Hg.), Kontinuität, Diskontinuität in den Geisteswissenschaften, Darmstadt 1973.

Hartmann Tyrell, Die Familienrhetorik des II. Vatikanums und die gegenwärtige Deinstitutionalisierung von Ehe und Familie in: Franz-Xaver Kaufmann/Arnold Zingerle (Hg.), Vatikanum II und Modernisierung. Historische, theologische und soziologische Perspektiven, Paderborn u. a. 1996, 353–373.

Norberto Valentini/Clara di Meglio, Sexualität im Beichtstuhl, Zug 1974 (Orig.: 1973).

Laszlo A. Vaskovics/Marina Rupp/Barbara Hofmann (Hg.), Lebensverläufe in der Moderne: Nichteheliche Lebensgemeinschaften. Eine soziologische Längsschnittstudie, Opladen 1997.

Günter Virt, Die vergessene Tugend der Epikie, in: Theodor Schneider (Hg.), Geschieden – Wiederverheiratet – Abgewiesen? Antworten der Theologie, Freiburg u. a. 1995, 267–283.

Victor Warnach, Agape. Die Liebe als Grundmotiv der neutestamentlichen Theologie, Düsseldorf 1951.

Maria Widl, Die Ehe – eine prophetische Lebensform, in: Markus Graulich/Martin Seidnader (Hg.), Zwischen Jesu Wort und Norm. Kirchliches Handeln angesichts von Scheidung und Wiederheirat, Freiburg i. Br. 2014, 243–254.

Monika Wienfort, Verliebt, Verlobt, Verheiratet. Eine Geschichte der Ehe seit der Romantik, München 2014.

Jürg Willi, Psychologie der Liebe. Persönliche Entwicklung durch Partnerbeziehungen, Reinbek 2004.